일주일은 금요일부터
시작하라

YARITAI KOTO WO ZENBU YARU! JIKANJUTSU
by Yuki Usui
Copyright © 2018 by Yuki Usui
All rights reserved.
Original Japanese edition published by Nikkei Publishing Inc.
Korean translation rights arranged with Nikkei Publishing Inc.
through Tony International
Korean translation copyright © 2020 by Jaeum&Moeum Publishing Co.,Ltd

이 책은 토니 인터내셔널을 통한 Nikkei Publishing Inc.와의 독점 계약으로,
한국어판 저작권은 "자음과모음"에 있습니다.
저작권법에 의해 한국 내에서 보호를 받는 저작물이므로
무단전재와 무단복제를 금합니다.

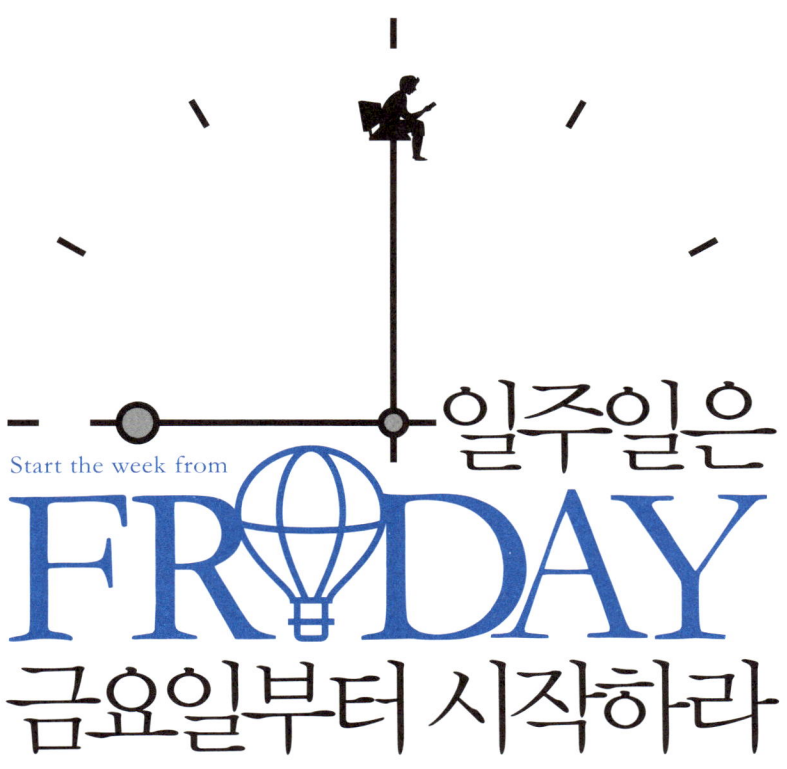

일주일은 FRIDAY 금요일부터 시작하라

Start the week from FRIDAY

하고 싶은 일은 전부 할 수 있는 시간 관리법

우스이 유키 지음 | 정재혁 옮김

꿈지락

시작하며

하고 싶은 일을 전부 하는
시간 사용법

'시간이 없어서' 새로운 것에 도전할 여유가 없다, 시간이 없어서 마음 편히 쉴 수 없다, 시간이 없어서 좋아하는 취미를 즐길 수 없다, 시간이 없어서 인간관계가 소원해진다.

'시간이 없어서'라는 이유로 일이나 사생활을 충실히 보내지 못해 고민하는 사람은 수없이 많습니다. 시간만 있다면 하고 싶은 걸 좀 더 할 수 있을 텐데, 라고 말하는 사람 또한 많습니다.

하지만 정말 시간이 없어서 하고 싶은 걸 하지 못하고 있는 걸까요. 저는 '시간이 없으니까 ○○를 할 수 없다'는 건 일종의 변명이라고 생각합니다.

이 세상에는 보통 사람의 배 이상으로 일하고, 많은 취미를 즐기고, 적극적으로 인간관계를 맺는 사람이 많기 때문입니다.

제 주변에도 그런 사람이 많이 있습니다.

물론 이런 사람들에게도 하루는 똑같이 24시간이 주어집니다. 그럼에도 그들은 어떻게 많은 일을 할 수 있는 걸까요.

저는 전자의 사람들을 '시간 빈곤자', 후자의 사람들을 '시간 부자'라고 부릅니다. 그 차이는 어디에 있을까요.

아무리 바쁘더라도 하고 싶은 건 전부 해라!

사실은 저도 예전에는 '시간 빈곤자'였습니다.

평생 전업주부로 살아온 저는 서른세살에 병든 남편을 대신해 갑자기 사장이 되었지만, 당시 비즈니스의 기초도 모르는 초짜였습니다.

우선 눈앞의 급한 회사 빚을 어떻게든 해결해야 했습니다. 점점 불어가는 이자를 갚느라 금융기관과 회사를 왔다 갔다 하고, 신제품 개발과 신규 영업을 위해 여기저기 뛰어다니는, 그야말로 시간에 쫓기는 나날을 보냈습니다.

'시간이 없다'라고 말하는 게 버릇이 되었고, 정말 하고 싶은 건 무엇인지 보이지도 않는 고통스러운 날들이었습니다. '시간 빈곤자의 전형'이었습니다.

그런 생활이 3년 정도 이어질 무렵, 운 좋게 제가 개발한 상품이 크게 히트를 쳤습니다. 그리고 사장 업무의 양이 최고조에 달했을 때, 어떻게든 도전하고 싶다고 생각했던 것을 이뤄냈습니다. 일과 관련한 자격증을 딴 것입니다.

동기는 두 가지. 하나는 건강 상품을 판매하는 회사의 상품 개발에 도움이 되기 때문이고, 다른 하나는 '초짜가 그저 운이 좋았던 거야'라는 세간의 말에 반박하고 싶었기 때문입니다.

하지만 상품이 점점 더 잘 팔릴수록 사장 업무는 그만큼 바빠졌고, 공부할 시간은 좀처럼 나지 않았습니다. 그야말로 '시간이 없으니까 자격증 공부 따위는 불가능해' 상태였습니다. 하지만 어떻게든 자격증을 따고 싶었습니다.

그래서 오기로 '하면 된다!'라고 마음먹고, 어떻게든 시간을 조절해 단기간에 목표했던 자격증을 딸 수 있었습니다.

물론 그사이 본업에 악영향을 끼쳤던 일은 없습니다. 오히려 연 매출을 두 자리 성장시켰습니다.

사람이 무언가를 하고 싶어 할 때
시간이 그걸 거부하는 일은 없다.

저는 이 말을 뼈에 사무치게 절감했습니다.

시간을 지배하면 여유와 돈이 따라온다

저는 그 후에도 사장 업무를 보며 공인중개사, 행정사 등 비즈니스 관련 자격증을 연이어 땄고, 그 사이 TV와 잡지의 취재도 여러 번 하게 되었습니다. 책 집필은 1년에 한 권 이상의 페이스를 유지하고 있고, 경영컨설턴트·강연·세미나 등 일의 폭이 넓어졌습니다.

'그렇게 일이 늘어나면 분명 더 바빠져 매일이 고생이겠지' '여유도 없는 수면 부족의 나날을 보낼 거야' '노는 것도 참아가며 바둥바둥 살겠지' 등 혹시라도 시간이 빈곤한 저를 상상하신 여러분, 전혀 그렇지 않습니다.

매일 7시간씩 제대로 수면을 취하고 있고, 몸과 마음 모두 리프레시하는 시간도 충분히 갖고 있습니다. 새로운 취미, 공부도 시작해 매일매일 설레는 나날을 보냅니다.

물론 본업도 제대로 하고 있습니다. 비즈니스 세계에 뛰어든 이래 몸은 항상 건강하고, 일 의뢰는 끊긴 적이 한 번도 없고, 스케줄 수첩에는 3년 후까지 일정이 가득 차 있습니다.

시간을 지배하면 하고 싶은 걸 모두 할 수 있고
마음과 돈에 여유도 따라온다.

조금 자랑하는 이야기라 송구스럽지만, 지금의 저는 그렇습니다.

어떻게 일하면서 공부를 할까?
어떻게 본업을 하면서도 육아나 취미를 병행할까?

그 대답이 이 책에 있습니다. 제가 소개하는 내용은 스스로 체험하며 배우고, 지금도 실천하고 있는 시간 사용법입니다. 어느 하나 어려운 노하우는 아닙니다. 학교에서는 낙제점 연속에, 서른살이 지나도록 비즈니스 서적은 한 권도 읽지 않았던 저도 할 수 있을 정도이니, 여러분이 하지 못할 리 없습니다.

이 책을 읽고 여러분이 '시간 빈곤자'에서 벗어나, 조금이라도 '시간 부자'에 가까워지기를 바랍니다.

우스이 유키

차례

시작하며 하고 싶은 일을 전부 하는 시간 사용법   5

1장 시간 관리의 기본은 '시간 밀도 높이기'
일이 빠른 사람은 시간을 아끼기보다 진하게 한다

시간을 뺄셈이 아닌 덧셈으로 생각하기	19
투자한 시간과 일의 결과는 비례할까?	23
하나의 일로 두 가지 의미를 만드는 법	26
바쁠 때 공부하는 것을 추천하는 이유	31
사람을 만나는 시간은 줄이지 않는다	35
인간관계는 '넓게'가 아니라 '깊게'	39
시간 여유가 있어야 멋진 사람이다	43

2장 시간을 지배하는 사람의 인간관계
인상 깊은 커뮤니케이션으로 친한 사이가 된다

약속 시간에 대한 주도권을 가진다	51
시간 도둑으로부터 나를 지키는 방법	56
항상 전화를 받을 필요는 없다	60
시간 효율을 높이는 커뮤니케이션 방법	62
내 이미지는 내가 만드는 것	69
감동을 주는 미니 손편지	75
일을 나눠서 하는 기술	81
상대의 의욕을 높이는 말 한마디	86
독학보다 빠른 전문가의 조언	89

3장 시선을 사로잡는 메일과 SNS 기술
정보와 감동을 주는 글은 어떻게 쓸까?

메일 확인은 하루 두 번만	95
일을 잘하는 사람은 즉답하지 않는다	99

마지막 한 줄로 마음을 움직인다	102
사소한 변화로 친근감을 주자	106
참조 메일에 특히 신경 쓰는 이유	109
명확하게, 빠르게, 정감 있게	113
목적과 성과가 있는 SNS 관리	117

4장 일주일은 금요일부터 시작하라
목표를 달성하는 사람의 일정 짜는 법

일주일은 3일밖에 없다	123
나만의 마감일을 정한다	129
공사 스케줄은 하나로 정리한다	133
한 달 일정은 이렇게 짠다	137
작심삼일을 격퇴하는 목표 선언법	143
시간 밀도를 높이는 3색 펜 활용	147

업무 스케줄은 뇌의 바이오리듬에 맞춘다	151
자기 전 시뮬레이션으로 다음 날 준비	154

5장 생각은 15분 안에 끝내라
일이 빠른 사람의 사고방식과 발상법

클로즈드 퀘스천과 오픈 퀘스천	159
일단 해버리는 행동력 갖기	165
오리지널에서 살짝만 비틀어 새롭게 하다	170
돈으로 시간을 사는 건 가능하다	174
나의 시간 가치는 얼마일까?	177
책상을 벗어나면 좋은 것이 발견된다	182
최고의 개그맨이 방송 전에 하는 일	184
회의 시간이 짧아지는 7가지 기술	187

계속해서 편하게 일할 방법을 궁리한다	191
의욕을 만들어주는 3가지 힌트	194
'선물의 날'을 활용한 목표 달성	198

6장 시간 효율을 높이는 사소한 습관
만족스러운 하루를 위한 셀프 프로듀스

머리 회전이 좋아지는 식생활	205
몸과 머리의 피로 밸런스를 맞춘다	209
최고의 컨디션을 만드는 수면 기술	213
자연 리듬에 따라 먹고 자고	217
나에게 맞는 골든타임 찾기	221
눈만 감아도 휴식이 된다	225
아침부터 맑은 정신 만들기	228
슬럼프를 극복하는 3가지 방법	232

7장 일 잘하는 사람의 시간 활용법
작은 아이디어로 큰 효과를 보다

시간 부자는 왜 손목시계를 찰까?	241
쓸데없이 망설이는 시간을 줄이는 패턴화	245
책상 위의 동선을 다시 짜본다	247
5분 틈새 시간 활용하기	250
그 자리에서만 할 수 있는 일	255
한 개 샀다면 두 개 버린다	258
연간 300시간을 되찾는 방법	262
빈 공간을 채우려고 하는 심리	265
필요한 정보만 재빨리 얻는 법	267
종이 신문과 광고지를 보는 이유	270
글쓰기가 편해지는 서류 작성법	274
아침을 잘 보내면 하루가 편하다	278
끝마치며　시간 마법의 주문 '카키쿠케코'	283

세상에서 가장 어리석고 못난 변명은
"시간이 없어서"라는 말이다.

− 토머스 에디슨

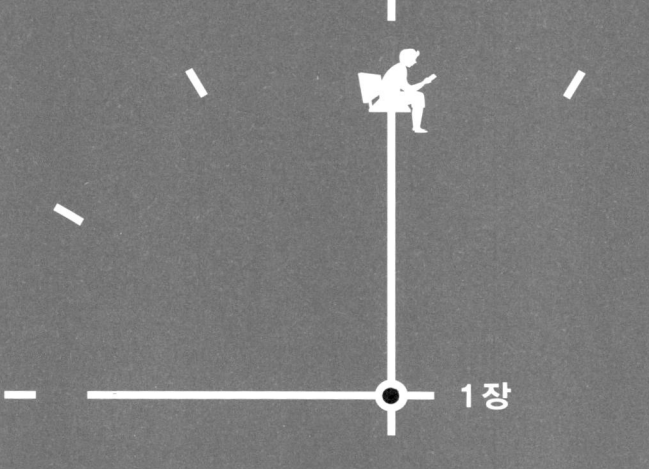

1장

시간 관리의 기본은 '시간 밀도 높이기'

**일이 빠른 사람은
시간을 아끼기보다 진하게 한다**

시간을 뺄셈이 아닌 덧셈으로 생각하기

"이렇게나 많은 걸 어떻게 전부 하나요?"
제 스케줄을 들은 분들이 자주 하는 말입니다.

두 회사를 경영하고
연간 60회 이상의 강연을 진행하고
연간 1권 이상의 책을 집필하고
매년 1개씩은 국가 자격증을 취득하고
TV와 잡지 취재를 받는다.

앞서 말한 것처럼 남편이 죽기 전까지 저는 전업주부 생활을 해왔습니다. 하지만 슈퍼우먼은 아닙니다. 지극히 평범한 재능의 사람입니다. 게다가 서른셋에 남편의 사업을 인수받기 전까지는 비즈니스 관련 서적 한 권 읽지 않았습니다. 그런데 어떻게 주변 사람들로부터 "똑같이 24시간을 산다니 믿기지 않아요"라는 소리를 듣게 되고, 어떻게 여러 가지에 도전할 수 있게 되었을까요.

항상 "시간이 없어"라고 한탄하는 많은 '시간 빈곤자'가 오해하고 있는 것 하나를 풀고 가겠습니다. 그건 '할 일은 많은데 시간이 부족해' '할 일을 줄이면 시간이 늘어나지 않을까?'라고 생각하는 것입니다.

'회사 일로 바쁜데 자격증 공부 같은 건 절대 할 수 없어.'

'지금도 시간이 부족해서 힘든데 더 일이 늘어나면 어떡해?'

'집안일과 육아로 쉴 틈도 없는데 취미를 즐긴다니 말도 안 돼.'

모두 한 번쯤 생각해본 적이 있지 않나요? 그리고 '무엇인가를 하고 싶지만 시간이 없으니까 포기한다' 혹은 '뭔가를 하기 위해 지금 하고 있는 것을 그만둔다'라는 결정을 하고 있지 않나요.

한편으로는 이치에 맞는 것 같습니다. 심지어 뭔가를 하지 않거나 그만둘 때는 또 얼마나 홀가분한가요.

하지만 이렇게 생각하고 행동하면 아무리 세월이 흘러도 시간은 당신의 것이 되지 않습니다.

'시간이 없기 때문에 ○○할 수 없다' '△△를 그만두면 □□할 시간이 생길 것이다'라는 **'뺄셈의 발상'은 타임 매니지먼트에서 꼭 버려주세요.**

그리고 '이것을 하려면 저것은 하지 말자'와 같은 '이거나 저거나'의 사고방식이 아닌 '이것도 저것도'라는 '덧셈의 발상'으로 바꿔주세요. 이것이 시간 빈곤자에서 시간 부자가 되기 위한 기본 원칙입니다.

힘들지 않을까? '이것도 저것도' 같은 사고방식으로는 모두 어중간해지지 않을까?

이런 반론이 들려올 것 같습니다. 하지만 냉정하게 주위를 한번 둘러보기 바랍니다. 그리고 '저 사람 일 잘한다' 싶은 모델을 찾아보기 바랍니다.

시간이 없다고 새로운 일을 거절하던가요? 매일이 야근이라 좋아하는 일을 못 한다고 투덜대던가요?

그렇지 않습니다. 하고 싶었던 새로운 일에 적극적으로 도전할 것입니다. 그들은 시간을 덧셈의 발상으로 생각하는 사람입니다.

그리고 '시간이 없어' '좋아하는 것도 못 해'라고 투덜대는 사람은 뺄셈의 발상으로 시간을 생각하지 않던가요?

왜 이런 현상이 나타날까요? 지금부터 그 이유에 대해 자세히 설명하겠습니다. 이런 현상을 이해한다면 그것만으로도 '시간 부자'에 한발 더 다가서게 될 것입니다.

'이거나 저거나' 하나만 선택하는 것이 아닌 '이것도 저것도' 욕심을 내봐도 좋다.

투자한 시간과
일의 결과는 비례할까?

하루 24시간은 모든 사람에게 공평하게 주어지며 이는 누구도 늘이거나 줄일 수 없습니다. 하지만 1시간의 밀도를 2~3배로 만들 수 있다면 마찬가지로 24시간 동안 2~3배 더 많은 것을 할 수 있습니다.

'이것도 저것도'라는 덧셈의 발상이 시간 부자로 이어질 수 있는 가장 큰 이유는 '이것도 저것도 해서 시간의 밀도가 높아지기 때문'입니다.

듣고 보고 경험한 것을 많은 사람에게 알리고 싶기 때문에 저는 강연과 집필에 적극적으로 임하며 지방에도 자주 강의를 하러 갑니다.

하지만 그렇다고 다른 일을 소홀히 하지는 않습니다. 강연, 집필, 회사 업무를 함께 완벽하게 해내려고 전력을 다해 그 방법을 생각하고 실천하기 때문입니다.

'사내 업무를 얼마나 원활하게 진행할 수 있을까.'

'강연 내용은 언제 생각하면 좋을까.'

'원고를 얼마나 단시간에 쓸 수 있을까.'

그동안 정해진 시간에 업무량을 늘려가며 한결같은 퀄리티로 업무를 수행하기 위해 필사적으로 지혜를 짜고 시행착오를 거듭해왔습니다. '어떻게 하면 시간 밀도가 높아질까'를 진지하게 추구했습니다. 그렇기에 비로소 지금 여러가지 일을 동시에 할 수 있게 되었습니다.

이처럼 시간을 효율적으로 쓰는 법을 필사적으로 생각하고 실천하면, 자신만의 시간 활용 노하우가 축적됩니다. 조금 부풀려 말하자면 '하는 일이 늘어나 역으로 다른 업무 진행이 효율적을 돌아가는' 상황까지 찾아옵니다. 이것이 '일의 밀도가 높아진다' '시간 밀도가 높아진다'라는 것입니다.

예전부터 **"바쁜 사람에게 일을 맡겨라"**라는 말이 있습니다. 이치는 이와 동일합니다. **바쁘기 때문에 오히려 시간을 효율적으로 쓰**

는 지혜가 생깁니다. 최대한 일을 줄이는 뺄셈의 발상으로는 이런 지혜가 생기지 않습니다.

그래서 되도록 '일은 절대 거절하지 않습니다'라고 말합니다.

일의 양을 늘리는 것이 일의 질을 높이게 되고, 더욱더 높은 레벨의 일을 할 수 있게 해줍니다. 나아가 '시간을 효율적으로 사용할 수 있게 된다＝시간 밀도가 높아진다'라고 확신하기 때문입니다.

그런데 '그렇다고 해도 일은 양보다 질이 중요하니, 우선 한 가지 일에 충분히 시간 들여 정성껏 해야 한다'고 이야기하는 사람도 있습니다. 확실히 일에는 어느 수준의 퀄리티가 요구됩니다. 그렇지만 시간을 충분히 들인다고 일의 질이 높아진다는 생각은 환상입니다.

들인 시간과 일의 질이 반드시 비례하는 것은 아닙니다.

우선 많은 일을 정해진 기간에 확실히 끝내도록 훈련하고 생산성을 높이는 것이 비로소 일의 질도 높이는 시작이 아닐까요.

바쁠 때야말로 시간 관리 훈련을 하기 좋은 때다.

하나의 일로 두 가지
의미를 만드는 법

경제잡지에서 다음과 같은 기사를 본 적이 있지 않나요?

주부 ○○씨는 절약의 대가. TV를 보지 않을 때는 콘센트를 뽑고, 쇼핑은 마트의 전단지를 철저히 비교한 다음 개점 전에 줄을 서 특가 상품을 구매.

사람마다 자신만의 라이프스타일이 있고 절약은 그 자체로 꽤 힘든 일이라고 생각합니다. 하지만 만약 이 주부의 목적이 '돈이 많았으면 좋겠다'라면 저는 "절약으로 돈을 아끼지 말고,

아르바이트를 하거나 자산운용으로 돈을 불리세요"라고 말할 것입니다. 쌀 한 톨 줍는 듯한 절약으로 돈이 늘어나는 일은 없습니다. 수고와 시간을 생각하면 오히려 '마이너스'가 되기도 합니다.

그런데 처음부터 왜 돈 절약 이야기를 했을까요? 바로 시간 관리와 관련된 책을 읽은 사람의 대다수가 이와 같은 함정에 빠지는 경우가 많기 때문입니다.

'라디오로 어학 방송을 들으면서 스마트폰을 체크하고 밥을 먹는다.'

시간 관리 책에는 반드시라 해도 무방할 정도로 이와 같은 '○○를 하면서 ○○를 하고 ○○를 끝마친다'는 이야기가 등장합니다. 한편으로는 시간을 현명하게 사용하는 것처럼 보입니다. 하고 있는 본인은 '시간 밀도가 높다'고 착각할지도 모릅니다.

하지만 정말 그럴까요. 스마트폰을 체크하면서 밥을 먹고 어학 방송을 듣는다는 말은, 결과적으로 어학 내용이 머릿속에 거의 들어오지 않았다는 뜻입니다.

이는 조금 전의 '절약'과 마찬가지로 **행위 자체에 만족하고 있을 뿐, 목적에 대한 결과가 나지 않는 '구두쇠적' 시간 사용법**에 지나지 않습니다.

현명하게 시간 쓰는 방법이라 하면, 시간을 절약하는 것만 생각하기 쉽습니다. 어떤 일을 하면서 다른 일도 하는, 이른바 '두루두루 시간 활용법'은 지금도 널리 통용되고 있습니다. 이를 부정하는 건 아니지만 방법이 틀리면 좋은 성과를 기대하기 어렵습니다. 또한 겉치레에 불과한 시간 절약은, 시간 쓰는 방법이 서툰 사람을 만들고 낭비투성이인 '시간 빈곤자'를 낳습니다. 돈 모으는 것에만 신경 쓰게 되어, 돈을 벌고 불리는 것을 잊어버리게 됩니다.

구두쇠같이 시간을 쓰는 사람 중 성공하는 사람은 없다고 생각합니다. 그래서 저는 시간의 낭비를 없애는 것에만 매달리지 않습니다. 일정 시간 동안 두세 개의 행동을 마구잡이로 밀어붙이는 것이 '시간 밀도를 높이는' 일이 될 수는 없기 때문입니다.

그렇다면 어떻게 시간 밀도를 높이는 것이 좋을까요.

하나의 행위가 두 개 혹은 세 개의 의미를 갖게 한다.
하나의 행위를 여러 목적을 위해 이용한다.

이처럼 시간을 절약하는 방법보다 시간을 좀 더 활용하는 '쌀 한 톨로 얼마든지 맛있어지는 방법'을 생각하는 것입니다.

제 경험을 예로 들자면, 저는 공인중개사 자격을 갖고 있습니다. '자사 빌딩을 갖고 싶다'는 목적을 위해 취득한 것입니다. 당시 '이왕 공부할 거면 부동산임대업이나 그와 관련된 강연과 집필도 할 수 있게 준비하고 싶다'고 생각했습니다.

이렇게 목적이 추가되면 같은 공부를 해도 성과는 2배가 됩니다. 공부에 대한 의욕도 한층 높아집니다. 실제로 저는 한 달 만에 공인중개사 자격을 무사히 취득했고, 좋은 조건에 빌딩을 구입했고, 부동산임대업·부동산 관련 책 출판까지 일의 폭을 넓힐 수 있었습니다.

이것이 시간 밀도를 높게 하는 것입니다.

또한 저는 강연을 위해 지방 출장도 자주 가는데 그냥 돌아오는 법이 없습니다. 경영 컨설턴트의 일도 겸하기 때문에 방문한 곳에서는 반드시 백화점을 찾아가고, 택시 운전사에게 이야기를 들으려 합니다. 이것만으로도 그 지역의 경기나 주민의 특성을 기사나 책을 읽는 것보다 더 잘 알 수 있습니다.

또한 지역의 인기 있는 가게 등을 알게 되면 블로그와 메일 매거진의 아이템으로 사용합니다. 이쯤에서 한번 정리해보겠습니다.

① **지방 강연에 어떤 계획도 준비도 없이 그냥 다녀온다.**
⇨ **시간 손실이 크다(시간 낭비).**

② 지방 강연에 갈 때 고속열차로 왕복 이동하는 시간에 원고를 집필한다.
⇨ 시간을 낭비 없이 쓰고 있다(시간 절약).
③ 지방 강연에 가면 그 지역의 정보를 얻어 이후 컨설팅에 활용하고, 동시에 도시에서는 구할 수 없는 메일매거진과 블로그용 소재를 모아 돌아온다.
⇨ 시간을 유용하게 사용한다(시간 밀도를 높임).

당신은 이 중 어디에 해당하나요? ①에 해당하는 사람도 ②에 해당하는 사람도 ③ 레벨까지 사고방식을 높여봅시다.

쌀 한 톨로 한 번이 아닌 세 번, 네 번 맛있는 상황을 만들자.

바쁠 때 공부하는 것을
추천하는 이유

행정사, 공인중개사, 영양사…….

앞서 말한 것처럼 저는 경영 업무를 병행하면서 자격증을 취득했습니다. 이런 경험을 바탕으로 여러분에게 정말 필요한 것 한 가지를 알려드리겠습니다.

바쁠 때 공부하면 마음의 여유가 생깁니다.

'뭐? 반대 아니야? 바쁠 때 자격증 시험 공부를 시작한다니, 그야말로 더욱더 시간에 쫓기는 생활을 보내게 되는 거 아냐?

마음에 여유가 없어지는 거 아니야?'라고 생각하나요?

예전에는 저도 그랬습니다. 하지만 아니었습니다. 마음에 여유가 없어지기는커녕 정신적으로 매우 안심할 수 있게 되었습니다.

국가고시에 처음 도전했을 때는 경영 업무로 미친 듯이 바빴던 시기였습니다. 매일 일에 쫓겨 공부할 시간을 내는 게 힘들어서 거의 포기 상태였습니다.

하지만 '시간이 없어서 할 수 없다고 생각하면 계속해서 할 수 없을 거야'라는 생각에 마음을 고쳐먹고 오기로 자격증 공부를 시작했습니다.

어떻게 되었을까요.

스스로도 이해할 수 없는 마음의 여유가 생겨났습니다.

그런 거 말도 안 돼, 라고 생각하는 분을 위해 핵심을 이야기하겠습니다. 여유는 왜 생겨날까? 그것은 '공부하다=자신이 하고 싶은 것에 시간을 사용한다'는 것으로 '시간에 지배받는 위치에서 시간을 지배하는 위치로 전환'하기 때문입니다.

사람이 매일 직장과 집에서 정신없이 지내다 보면 자신을 위한 시간을 내기가 힘듭니다. 설령 '일이 즐겁다' '책임이 무겁고 힘들지만 성실히 일한다'는 사람도 자신을 위한 시간이 없어지면서 조금씩 마음에 여유가 사라지고 스트레스에 짓눌리게 됩니다.

그래서 바쁜 사람에게 공부를 추천합니다.

공부하는 시간은 자신을 위해 쓰는 시간입니다. 그리고 '자신을 위해 시간을 쓰고 있다'는 사실은 '나는 시간의 노예가 아냐. 내가 시간을 지배해'라는 기분이 들어 바쁜 와중에 잃어가던 마음의 여유를 되찾게 합니다.

바쁠 때 공부를 시작하면 더 바빠져 여유가 없어진다는 건 큰 오해입니다.

시간에 쫓기는 한이 있더라도 정말 하고 싶은 일을 하면 정신적으로 여유를 갖게 됩니다.

많은 사람들이 뭔가를 시작할 때 먼저 '시간을 만들어야 한다'고 생각합니다. 애초부터 이것이 큰 오해입니다. 이런 생각을 버리지 않으면 아무것도 시작할 수 없습니다.

업무 스케줄이 꽉 차서 퇴근 후나 휴일에도 약속이 이어진다면, 새로운 것을 시작할 시간이 없다고 느끼는 것은 당연합니다.

그렇지만 사실 사람이 뭔가를 시작하려 할 때, 시간이 거부하는 경우는 결코 없습니다.

'언젠가 시간이 된다면.'

'자유롭게 쓸 수 있는 시간이 생긴다면.'

이런 생각을 계속해도 시간은 늘어나지 않습니다. 조만간 하자, 언젠가 시작하자고 미루기만 하면 영원히 할 수 없습니다.

우리가 쓸 수 있는 시간은 바로 지금뿐입니다.

시간과 삶이 평생 함께일 거라 생각하지 말자.

시간도 삶도 마냥 있는 것은 아니기에 지금 할 수 있는 것은 바로 하고, 하고 싶은 것은 적극적으로 하는 것이 시간 부자를 위한 철칙입니다.

나중으로 미룬다면 나의 시간을 점점 없애면서 삶을 축소시키는 것과 같습니다.

시간에 휘둘리면 여유가 없어지고
시간을 잘 쓰면 여유가 생긴다.

사람을 만나는 시간은 줄이지 않는다

타임 매니지먼트에서 절대 해서는 안 되는 것이 있습니다. 바로 '시간이 없으니까 만남을 줄이자'라는 것입니다.

'재미있을 듯한 다른 업종의 사람들과 교류하는 모임이 있지만 바쁘니까 취소해야지.'

'신세졌던 사람이 여는 파티가 있지만 지금은 딱히 할 이야기가 없으니까 거절해야지.'

이처럼 '시간이 없으니까' '시간이 아까우니까'라는 이유로 인간관계를 소홀히 하는 사람이 있습니다. 또는 상대를 처음 만날 때, 당장 일에 도움되지 않거나 이익될 게 없다고 차별을

두기도 합니다. 만약 당신이 정말로 시간 부자가 되고 싶다면 시간 낭비를 줄이는 것에만 매달려 인간관계를 등한시하지 않는 게 중요합니다. 그럴수록 덧셈의 발상을 발휘해 '이번 주에는 사람을 많이 만나서 바빴구나. 좋아, 이 흐름으로 다섯 명 더 만나야지!' 같은 사고방식으로 바꾸고 다음 문장을 기억하세요.

기회도 시간도 돈도, 결국 사람이 가져온다.

잘나가는 기업가나 경영자는 아무리 바쁘더라도 사람과의 만남을 소홀히 하지 않습니다. 시간을 융통성 있게 조절하며 항상 새로운 만남에 오픈된 마음을 갖고, 그 관계를 소중하게 생각합니다. 그들은 사람을 만나는 것의 이점을 잘 알고 있습니다.

저 역시 사람과 만나는 일을 무엇보다 중요하게 생각합니다.

그도 그럴 것이 이 세상에는 타인과의 만남으로만 얻을 수 있는 경험과 지식이 많기 때문입니다.

예를 들자면 저는 자격증 공부를 하려고 학원에 다녔을 때, 20대 동급생에게 많은 자극을 받았습니다. 젊은 사람과의 만남은 새로운 자극이 되었고 저를 설레게 했습니다. 패션도 캐

주얼해지고 밝은색의 옷을 좋아하게 되었습니다.

이런 경험은 새로운 만남에서만 얻을 수 있습니다. 특히 연령대나 직종이 다른 사람이 가져다주는 정보는 새로운 관점으로 세상을 보게 해줍니다. 당시 학원에서의 경험은 이후 회사에서 신상품 개발이나 판매 방법을 궁리할 때 매우 많은 도움이 되었습니다.

이런 깨달음은 **오랜 시간 책을 읽거나 인터넷 검색을 하더라도 결코 얻을 수 없는 것들**입니다.

겉치레와 다름없는 시간 절약에 정신 팔려, 만남과 관계를 소홀히 하는 사람은 영원히 시간 빈곤자 상태가 됩니다.

때문에 저는 어떤 일에서든 시간 낭비에 민감하지만, 아무리 바빠도 만남을 등한시하는 일은 없습니다. 덧셈의 발상으로 바쁠수록 더 만남을 늘립니다.

결과적으로 그것이 시간 밀도를 높인다는 것을 알고 있기 때문입니다.

솔직하게 한 가지 이야기하겠습니다. 이 사람 저 사람, 아무나 가리지 않고 만나라는 것이 아닙니다.

현실적인 면에서, 저 역시 종일 쉴 틈 없이 누군가를 만나는 것은 불가능합니다. 조금 더 말하자면 새로운 만남이나 대인관계에도 한도가 있기 때문에, 만날 사람과 만나지 않을 사람을 선별할 필요는 있습니다.

> 시간 밀도를 높여주는 사람이 있다면
> 반대로 시간 밀도를 낮춰버리는 사람도 있다.

이것이 더도 덜도 아닌 솔직한 마음입니다.

사람과 사람이 만나면 반드시 뭔가 생겨난다고 믿고 있지만, 그래도 앞으로 플러스일지 아닐지를 생각한 후에 만남을 결정합니다. 그리고 저에게 중요한 사람이 될 사람과 우선적으로 만나려고 합니다.

시간을 사람에게 투자하면, 돌아오는 게 크다.

인간관계는
'넓게'가 아니라 '깊게'

시간 밀도를 높여주는 사람, 낮춰버리는 사람에 대해 간단하게 설명하겠습니다.

시간 밀도를 높여주는 사람은, 내게 없는 지혜나 지식을 갖고 있고, 조언을 구하면 기꺼이 답해주는 이입니다

그런 사람과 친분을 쌓으면 일하다 벽에 부딪칠 때 귀중한 조언을 받고, 업무가 바빠 손이 모자랄 때는 그 일부를 맡아 처리해줍니다. 그야말로 싱크탱크(think tank) 같은 존재입니다.

제게는 다음과 같은 사람들이 그렇습니다.

- 컴퓨터는 물론 디지털 기기에 능통한 사람(서툰 분야의 서포트 역할)
- 변호사(비즈니스업에 종사한 경험이 있고 법률 지식도 가볍게 알려준다)
- 출판업계 권위자(편집·영업·판촉까지 지식과 경험이 풍부한 저작 관련 어드바이저)
- 세무사(공사에 관한 세무뿐 아니라, 금융기관과의 관계 등 돈과 관련된 문제 상담)
- 신뢰할 수 있는 이웃(집안일이나 애견도 봐주며 집을 비우는 일이 잦은 나를 대신함)
- 육체노동이나 단순 작업 등을 가볍게 부탁할 수 있는 28세의 친구(바쁨이 극에 달할 때 구세주)

이런 분들 덕분에 집필과 강연, 미디어 출연, 컨설턴트 등 다방면의 업무를 할 수 있는 것입니다.

한편 시간 밀도를 낮춘다는 것은 '○○해주면 △△해줄게'라며 교환 조건을 걸어오는 사람이나 '나는 ○○선생이랑 친해'라며 권력이나 능력을 과시하는 사람입니다. 그런 말에 혹해 다가간다면 상대에게 걸려드는 셈이죠.

보답을 기대하며 시간, 노동, 돈을 쓰면 쓸모없는 낭비가 되고 이용 당하기만 합니다.

30대의 저는 새로운 만남을 찾아 끊임없이 사람을 만났습니다. 경영자로서 부족한 경험과 지식을 채우려고 도와줄 수 있는 누군가를 항상 찾았습니다. 그때는 그저 만나는 것이 우선이어서 누구를 만날지 선별하지 못했습니다.

당시의 저는 '통계 관리의 권위자' '현장 판매의 카리스마'와 같은 평가나 '고객을 소개해준다' '인맥이 넓다' 같은 듣기 좋은 말에 혹해 많은 사람을 만났습니다.

하지만 그런 저의 의도는 금방 상대에게 읽혔고 외면받았습니다.

남은 건 '○○를 해줄 테니까 △△해주세요'라는 바터(물물교환) 거래를 요구하는 사람뿐이었죠. 유력 거래처 다섯 군데 이상 소개해주는 대신 상품 구매하기, 대표와 만나게 해주는 대신 보험 들기 등. 지금이라면 그런 말에 속아 넘어가는 일은 없겠지만 그때 저는 어렸습니다.

득이 된다 생각하고 뛰어들었던 것입니다.

하지만 중요한 것을 착각한 경영자에게 남은 건 후회와 걱정뿐이었습니다. 그들은 '시간 밀도를 낮춰버리는 사람'밖에 되지 않았습니다.

어떤 만남이든 좋은 점이 있다고 생각할 수는 있지만, 만날 상대방의 조건을 정하지 않는다면 시간과 노력이 낭비될뿐더러 몸과 마음도 힘들어집니다.

인간관계의 넓이를 자랑할 게 아니라, 밀도를 생각하자.

인간관계는 양도 중요하지만 그 이상으로 질이 중요합니다. 그것이 시간 밀도를 높이는 기본입니다.

한편, 한때 명함 수집 마니아처럼 '많은 사람'을 만나왔던 저야말로, 그 덕에 '진짜'를 알아볼 수 있는 눈이 생겼다고 생각합니다. 지금 무작정 사람을 많이 만나고 있는 분이 있다면, 부디 이 시점에서 진짜를 알아보는 눈을 갈고닦기 바랍니다.

보상을 요구하는 사람은 나의 시간을 빼앗을 뿐.

시간 여유가 있어야
멋진 사람이다

시간 부자가 되기 위한 기본적인 사고방식으로 '뺄셈이 아닌 덧셈으로 생각하자' '시간 밀도를 높이자'라고 앞서 이야기했습니다. 이는 타임 매니지먼트의 기본 개념으로 단순한 노하우라기보다 사고방식이자 철학입니다.

더 실천적이고 구체적인 방법은 책에서 좀 더 자세히 소개하겠지만, 여러분이 이 책을 계속 읽어나갈 수 있도록 동기 부여를 위해 복습하겠습니다.

타임 매니지먼트로 얻을 수 있는 장점은 무엇일까요?

- 시간 밀도가 높아진다.
- 커리어와 스킬업이 가능해진다.
- 다양한 것에 도전할 수 있게 된다.
- 마음에 여유가 생긴다.
- 사람과의 교류 범위가 넓어진다.

이 정도가 바로 떠오릅니다. 하지만 좀 더 단순하게 중요한 점을 이야기하자면 아래와 같습니다.

① 일과 인생이 즐거워진다.
② 좋은 사람이 될 수 있다.

타임 매니지먼트의 최대 장점은 사실 이 두 가지만 한 게 없습니다.
왜 시간을 관리하는 것으로 일과 인생이 즐거워질까요?
반대로 생각하면 알기 쉽겠죠. '왜 일이 즐겁지 않을까' '왜 인생이 즐겁지 않을까' 생각해보기 바랍니다.

- 매일 잡무와 반복되는 업무에 시달린다.
- 여유가 없어 실수가 많아지고, 실적도 급여도 오르지 않는다.

- 눈앞에 닥친 일이 버거워서 새로운 궁리나 발상에 마음을 쏟을 수 없다.
- 자신이 정말 하고 싶은 일을 계속 미루게 된다.

이런 상황이 계속된다면 누구라도 일과 인생이 즐겁지 않습니다. 하지만 시간 밀도를 높이고 스스로 시간을 유용하게 쓸 수 있다면, 순식간에 모든 것이 변합니다.

- 해야 할 일이 바로바로 마무리된다.
- 그 결과 실적이 오르고 급여도 오른다.
- 여유를 가지고 매일 새로운 발상과 궁리를 쌓아갈 수 있다.
- 하고 싶은 일에 계속 도전할 수 있다.

이렇게만 된다면 일도 인생도 즐겁지 않을 리 없겠지요.

타임 매니지먼트라고 하면 '갖춰야 하는 일의 기술'이나 '사회인의 필수 스킬'처럼 공부로 얻는 것이라 생각하기 쉽지만 실은 그렇지 않습니다.

시간 밀도가 높아지면 삶이 즐거워진다.

그다음, 왜 시간을 관리하는 것으로 좋은 사람이 될 수 있을까요?

답은 '일과 인생이 즐거워진다' 부분에서 이미 절반이 나왔습니다.

구체적으로 이야기하자면 타임 매니지먼트를 확실히 해 일의 속도가 빨라지고 결과를 낳고, 나날이 스킬과 커리어를 쌓아가는 사람은 예외없이 모두 매력적인 회사원이라고 생각합니다.

한번 주위를 둘러보세요. 일 잘한다고 평가받는 사람은 반복 작업도 즐기고 있지 않나요. 누가 봐도 매력적인 사람이지 않나요.

그들은 시간을 지배하며 여유가 있기 때문에 항상 나름의 지혜와 궁리로 일합니다. 그래서 성과도 올라가고 업무에 능한 사람으로 평가받습니다.

이런 사람은 대부분 밝고 모두에게 사랑받습니다. 업무에 '놀이'를 겸하고 있기 때문입니다.

놀이를 '여유'로 바꿔 말해볼까요. 일 잘하는 사람은 시간에 아등바등 쫓기지 않고 스스로 관리하며 시간을 자유자재로 씁니다. 따라서 여유가 생기는 거죠.

또한 시간에 쫓기지 않고 스스로 컨트롤할 수 있는 사람은,

하고 싶은 일에 적극적으로 도전할 수 있습니다. 이러한 강한 **목적의식은 인생을 긍정적으로 바꾸고 표정까지 밝게 합니다.** 물론 자세에도 드러나겠지요. 자세는 정신적인 부분에 크게 영향받습니다.

즐겁게 일하고 밝고 건강하며, 기회의 운도 따라주는 사람은 분명 좋은 사람이 되지 않을 수 없습니다.

한편, 항상 시간에 쫓기는 사람은 어떨까요. 표정은 험해지고 행동에는 여유가 사라집니다. 여유가 없으니 정신없이 움직이지만 성과도 따라주지 않습니다. 그리고 성과가 나오지 않으니 표정은 더욱더 험악해지는 비참한 악순환이 시작됩니다.

더불어 주어진 일만으로도 여유가 없는 사람은 새로운 일에 도전하거나 미지의 분야로 시야를 넓히는 게 불가능하게 되므로, 호기심과 목적의식을 잃어버리게 됩니다. 새로운 만남이 줄어들고 더욱더 기회는 오지 않습니다.

그렇게 되면 일과 인생이 따분해지고 기분도 우울해집니다.

그런 사람이 매력적으로 보일 리 없겠죠.

또한 시간을 꼼꼼이 쓰는 것을 단순히 시간을 절약한다고 착각해서, 시간 구두쇠가 되어 오히려 여유를 잃어버리는 사람도 있습니다.

그런 사람이 하고 있는 시간 절약법은 '수면 시간을 줄여서 그만큼 일한다' 'TV를 보는 와중에 식사하며 스마트폰으로 메일을 체크한다' 같은 겉치레 시간 절약법에 지나지 않습니다.

이런 방법으로 수면 시간을 줄인다면 머리에 생기를 잃고 일과 공부의 효율은 떨어지기만 합니다. 결국 행동에 따른 결과는 어느 하나 남기지 못한 채, 주변에서 "매력적이네"가 아닌 "힘들어 보여"란 말을 들을 뿐입니다.

부디 독자 여러분은 시간을 컨트롤하는 즐거움을 맛보고 행복한 인생을 보내는 사람이 되길 기원합니다.

시간을 지배하는 사람은, 인생이 즐겁다.

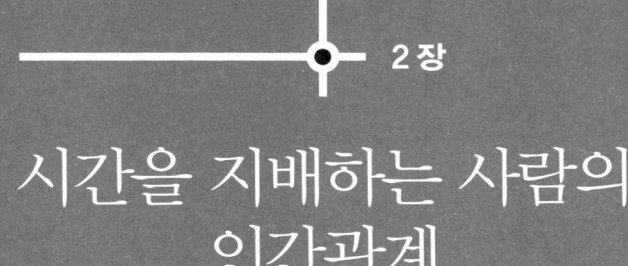

2장

시간을 지배하는 사람의 인간관계

인상 깊은 커뮤니케이션으로 친한 사이가 된다

약속 시간에 대한
주도권을 가진다

'아무리 시간이 없어도 만남이나 인간관계를 소홀히 하지 않는다. 그것이 결과적으로 시간 밀도를 높이게 된다.' 이것이 저의 타임 매니지먼트 철칙입니다.

하지만 어떻게 남과 어울릴 것인지도 생각해야 합니다. 잘된다면 기회와 시간을 잡을 수 있지만, 그렇지 않으면 시간을 빼앗겨버리기 때문입니다. 사람과의 관계를 만들어가는 방식은 시간 활용의 가장 큰 열쇠라 해도 과언이 아닙니다.

2장에서는 '시간을 지배하는 사람의 인간관계'에 대해 이야기하겠습니다. 먼저, 다음의 기본 원칙을 기억하기 바랍니다.

시간의 주도권을 상대에게 절대 넘기지 말 것.

시간의 주도권을 누가 쥐고 있는가에 따라 콘트롤할 수 있는 시간에 큰 차이가 생기게 됩니다. 예를 들어, 두 사람이 전화 상담을 하고 있다고 칩시다.

상대가 "알겠습니다. 그럼 언제 만나면 될까요?" 물어올 때 "언제든 괜찮습니다. 편하실 때로 알려주세요"라고 답하면 시간의 주도권을 상대에게 넘긴 것이 됩니다.

"그럼 내일 오전 11시에 본사 사무실에서 뵙죠"라고 답할 수 있다면 자신이 시간의 주도권을 쥐게 됩니다. 시간을 가능한 한 유용하게 활용하려면 할 수 있는 만큼 최대한 주도권을 잡고, 자신이 콘트롤할 수 있는 시간을 늘립시다.

그렇게 하면 자신의 스케줄이 생각한 대로 됩니다.

흔히 보게 되는 케이스가 상대가 면담을 청해왔을 때도 시간의 주도권을 넘겨버리는 사람입니다.

"저는 아무 때나 괜찮습니다."

이것이 상대에 대한 배려라고 생각한다면 큰 착각입니다. 이렇게 하기 시작하면 상대에게 '시간 관념이 느슨한 사람'이라는 인상을 갖게 해서 계속 맞춰주기만 해야 하는 상황이 초래합니다. 상대가 상담을 요청해온 것임에도 시간의 주도권을 빼앗기는 것입니다.

친구 중 "바빠, 바빠"라는 말을 습관처럼 하는 사람이 있습니다. 일도 하고 취미로 축구와 골프도 하고, 자원봉사 활동까지 해서 분명 바쁘긴 한데 그 이유는 다른 데 있습니다.

사실 그는 마음이 약한 사람이라 자신에게 편한 쪽으로 시간을 정하지 못합니다.

"언제든 좋습니다."

이것이 그의 말버릇입니다. 그래서 상대방은 '꽤 한가한가 보네'라고 생각합니다. 이렇게 되면 시간의 주도권을 넘기는 꼴이 되고, 상대의 형편에 따라 휘둘리게 됩니다. 그래서 필요 이상으로 바빠지게 됩니다.

저는 누군가가 상담을 요청해오면 수첩을 펼쳐 스케줄을 확인하면서 '○월 ○일, ○시 ○○분에'라고 바로 이야기합니다. 사무실에 있는 시간이면 사무실로 와달라고 하고, 외근 중이면 익숙한 장소로 정합니다. 그렇게 하면 약속 시간에 대한 주도권을 쥘 뿐 아니라, 상대방에게 시간에 엄격하고 스케줄 관리가 확실한 사람이란 인상을 갖게 합니다.

즉, 앞으로도 그 사람과의 관계에서 시간의 주도권을 잡기가 쉬워집니다. 물론 그러기 위해서는 평소 자신의 스케줄을 확실히 파악해둘 필요가 있습니다.

사소한 전화 통화에서도 시간 주도권의 추는 움직이고 있습니다.
"○○씨 부탁드립니다."
"죄송하지만 지금 외출 중입니다."
전화를 걸었을 때 상대가 부재중일 경우 여러분은 어떻게 하나요?
"그럼 돌아오시면 전화 부탁드린다고 전해주세요"라고 말하게 됩니다.
하지만 상대가 회신을 주는 상황이 되면 상대의 전화를 기다리는 꼴이 됩니다. 즉, 이쪽의 주도권은 없어집니다.
만약 "10분 정도 있으면 돌아오니까 돌아오면 전화드릴까요?"라고 한다고 해도 회사에 돌아오는 시간은 어디까지나 예정입니다. 늦어질 수도 있고 연락 실수로 메시지가 전달되지 않을 수도 있습니다.
게다가 언제 올지 모를 전화를 기다린다는 건 '10분 뒤에 돌아온다더니, 전화 안 오네'라는 생각에 짜증이 나게 되고 정신적으로도 손해입니다.
따라서 상대가 돌아올 시간을 어느 정도 알고 있더라도 저는 이렇게 말합니다.

"그럼 제가 다시 걸겠습니다."

이렇게 하는 것만으로도 시간의 주도권을 쥘 수 있습니다.

몇 번을 걸어도 받지 않으면 화가 나기 시작해 "전화 좀 주세요!"라고 말해버리고 싶겠지만, 끝까지 주도권을 잡기 바랍니다. 시간의 주도권은 잡은 쪽이 유리합니다.

**호출받는 입장에서 호출하는 입장으로 전환하는 것이
시간을 절약하는 열쇠.**

시간 도둑으로부터
나를 지키는 방법

여러분은 '시간 도둑'이라는 말을 들어본 적이 있나요? 말 그대로 시간을 훔치는 사람, 타인의 소중한 시간을 빼앗아가는 사람을 말합니다.

시간은 눈에 보이지 않기 때문에 도둑맞는 느낌이 바로 들지 않지만, 조금만 방심해도 시간은 계속 사라지기 때문에 주의가 필요합니다.

뜬금없이 걸려오는 전화가 있습니다. 별 이야기가 아닌데 계속 이어져, 끊으려고 해도 틈을 찾지 못해 끊을 타이밍을 놓쳤던 경험은 없나요? 이것은 딱히 상대에게 악의가 없더라도 당신의 시간을 계속 도둑질하고 있는 것이나 마찬가지입니다.

친구 하나도 "진지하게 할 이야기가 있어"라며 전화를 자주 걸어옵니다. 이런 전화가 꽤 자주 와서 전화가 오면 '또야?'라고 생각하게 됩니다.

오랜 친구라 냉정하게 끊어버릴 수는 없지만 그래도 최대한 용건만 듣고 빨리 끊으려고 애씁니다. 그러지 않으면 다른 곳에 써야 할 시간을 점점 도둑맞기 때문입니다.

전화는 매우 편리한 통신기기지만 받는 사람의 상황은 고려하지 않고 일방적으로 걸려온다는 점에서 침략자 같은 면도 있습니다. 그래서 저는 일에 열중하고 싶을 때는 받을 전화 외에는 "모두 외출중이라는 말로 응대해주세요"라고 주변 직원에게 말해둡니다.

그중에 긴급 연락이 필요한 전화도 섞일 수 있기 때문에 용건은 반드시 물어봐달라는 말도 빼놓지 않습니다. 물론 제 휴대폰은 당연히 비행기 모드로 설정하고 중요한 일이 끝난 후 체크합니다.

전화 귀신 외에 또 다른 시간 도둑이 있습니다.
미팅이 있어서 누군가와 만나 의견을 나눌 때, **용건은 벌써 끝**

났는데 돌아가려 하지 않는 사람이 있습니다. 이런 사람도 시간 도둑입니다.

미팅이 끝나고 잡담을 절대 하지 말라는 이야기가 아닙니다. 하지만 할 일이 잔뜩 쌓여 있는데 상대가 돌아가지 않아, '이제 좀 돌아가줘'라고 속 태웠던 경험은 누구나 한 번쯤 있을 것입니다.

그런 시간 도둑에게 시간을 지키기 위해 제가 자주 이용하는 방법이 있습니다.

'오늘 만나는 사람과는 이야기가 길어질 것 같군'이라는 느낌이 든다면, 회사 직원에게 미리 지정한 시간에 전화를 해달라고 합니다. 그리고 그렇게 걸려온 전화를 끝내고는 곤란한 얼굴로 다음과 같이 이야기합니다.

"죄송합니다만 긴급한 일이 생겨서요. 이만······."

또한 사전에 그런 준비를 해놓지 않았는데 이야기가 생각보다 길어질 때는 화장실에 간다고 일어섭니다. 그렇게 자리를 비우고 회사 직원에게 "10분 후에 급한 일이 생겼다고 전화해주세요"라고 부탁합니다. 그다음은 조금 전처럼 똑같이 말하면 됩니다. 경우에 따라서는 직접 회사에 전화를 걸어 급한 일이 생긴 척하는 것도 좋습니다.

한 사람에게 똑같은 수법을 계속 쓸 수는 없지만, 시간 도둑에게 소중한 시간을 지키기 위해 이 작전을 알아둬서 나쁠 건 없습니다.

남에게 '좋은 사람'으로 기억되고 싶어 하는 것은 누구나 마찬가지입니다. 하지만 용건이 끝났는데도 돌아가지 않는 사람이나, 전화가 무의미하게 긴 사람에게 상냥하게 대하는 것은 시간 부자가 목적이라면 그만둬야 합니다.

그러지 않으면 상대는 '아, 이 사람은 나랑 똑같은 타입이구나'라고 착각하고 더욱더 자리를 뜨지 않기 때문입니다.

평소 주변에도 은연중에 시간을 소중히 한다는 것을 어필하자.

항상 전화를 받을
필요는 없다

"2~3분 정도면 돼요"라고 전화해오는 사람이 있습니다. 이때 '잠깐이니까 괜찮겠지'라고 안이하게 생각해서는 안 됩니다. 2~3분이라 생각했던 게 결과적으로 1~2시간이 되는 경우가 많습니다.

예를 들어 사무실에서 한창 기획회의를 하던 중 "2~3분이면 돼요"라는 전화가 왔다고 합시다. 그리고 전화를 받습니다. 실제로 3분 안에 통화가 끝났다고 해도 실은 시간을 도둑맞은 것입니다.

통화를 마친 후 회의 자리에 돌아와 "어디까지 이야기했지요?"라며 기억을 더듬는 데 시간이 걸립니다. 다른 참석자들 역시 회의하면서 생긴 긴장감을 통화 전의 상태로 돌려놓는 데 시간이 걸릴지 모릅니다. 그렇게 생각하면, 소비한 시간은 2~3분이 아니고 5~10분까지 늘어난 셈입니다.

집중해서 자료를 작성할 때, 기획을 생각할 때, 머리 쓰는 일을 할 때, 업무에 몰두할 때 받는 전화는 특히 피해가 극심합니다.

가령 원고를 쓸 때, 사용하고 싶은 단어나 표현이 머릿속을 간지럽히다가 겨우 가닥이 잡혀 쓰려고 할 때, 전화로 작업이 중단돼버리면 그 전까지의 흐름이 뚝 끊겨버립니다.

2~3분의 전화로 중요한 순간은 엉망이 됩니다.

잠들려는데 전화가 와서 1시간이고 2시간이고 자지 못한 경험은 여러분도 있을 것입니다.

시간의 달인이 되려면 이런 위험한 이면의 손실을 잊어서는 안 됩니다.

'2~3분이면 괜찮겠지'는 괜찮지 않다.

시간 효율을 높이는
커뮤니케이션 방법

 상대에게 뭔가를 전하고 싶을 때, 자신도 모르게 힘이 들어가는 기분은 이해합니다. 하지만 많이 이야기한다고 해서 잘 전달되는 것은 아닙니다. 오히려 반대입니다.
 실적 좋은 영업사원일수록 길게 말하지 않는다고 합니다. 저희 회사에도 제품을 판매하기 위해 영업사원이 일주일에 몇 명이나 찾아오지만, 말이 많은 사람에게는 누구도 흥미를 느끼지 못합니다.
 그들 대부분은 제품의 장점을 줄줄이 설명하지만 너무 말이 많아서, 어떤 점이 가장 좋고 어떤 특징이 있는지 등의 포인트가 전달되지 않습니다.

대부분의 사람은 듣는 데 서투릅니다. 아주 흥미로운 이야기거나 관심이 있는 테마라면 몰라도, 그 밖의 이야기는 반은 흘려듣기 마련입니다. 상대가 관심 없는 이야기를 할 때는 빨리 끝나기를 바랍니다. 때문에 이야기는 알기 쉽게 적절한 시간에 끝내야 합니다.

열심히 상세하게 이야기할수록 상대에게는 전달되지 않는다.
포인트만 추려서 이야기하면 상대에게 잘 전달된다.

커뮤니케이션 할 때 시간을 낭비하지 않기 위해, 이 두 가지는 꼭 기억해두기 바랍니다.

제가 이것을 알게 된 것은 어떤 건강 기구를 상품화할 무렵이었습니다. 신규 사업이었던 탓에 돈이 여기저기 들었습니다. 원재료 구입, 제조공장 확보, 시제품 모니터 모집, 패키지 비용 등 돈 나갈 데가 수없이 많았습니다.

견적을 내보니 당초 생각했던 예산으로는 터무니없이 부족해서 은행에서 융자를 받기로 했습니다. 회사 근처 은행에 가서 융자 신청서를 내고 사업 계획서를 한 손에 들고 절절하게 이야기했습니다.

왜 이 상품을 떠올렸는가.

어떤 사람을 대상으로 하는가.

초기 비용은 얼마이고 언제부터 이익이 나며 연간 어느 정도의 수익이 나는가.

철저히 준비한 사업 계획이 있으니 열의를 갖고 밀어붙이면 융자를 받을 수 있을 거라 생각했습니다. 전에 읽었던 책에서도 "융자를 조달해내기 위해서는 열의를 갖고 몇 번이든 은행 담당자를 찾아가 설득해야 한다"라고 써 있었습니다.

그런데 아무리 꼼꼼하고 세세하게 이야기하고 호소해도 제대로 들어주지 않았습니다. 하물며 사업 계획안은 봐주지도 않았습니다.

그래도 굴하지 않고 몇 번이나 은행 문을 두드렸습니다. 하지만 횟수가 늘어날수록 담당자의 표정은 굳어갔습니다.

열의는 보여주고 있고 사업 계획서도 만반의 준비가 되어 있는데 왜일까.

그때 중대한 실수를 범했다는 것을 알아차렸습니다. '돈을 받아내야 한다'는 초조함에 이쪽의 이야기만 장황하게 늘어놓았던 것입니다.

어떤 이야기든 상대방의 머릿속에서 제대로 이해받지 못하면 아무 의미가 없습니다.

자금을 조달받고 싶은 경우라면 더더욱 사업 계획안에 대해

대중없이 잔뜩 이야기하게 됩니다. 하지만 듣는 쪽에서 그 시간이 가치 없다고 느껴지면 끝입니다.

포인트만 간결하게, 짧은 문장으로 말하는 것이 상대에게 더 잘 전달되고 마음을 움직입니다.

실수를 깨달은 이후, 저는 다른 은행에 융자를 신청하러 갔습니다. 이때는 같은 실수를 하지 않으려고 요점을 간결하게 정리한 사업 계획서를 가지고 담당자를 만났습니다. 그리고 융자하면 후에 은행에 어느 정도의 메리트가 있는지만 포인트로 전달했습니다.

그러자 "그렇게 벌 수 있어요?"라며 관심을 보였습니다. 처음 갔던 은행에서는 한 번도 듣지 못했던 말입니다. 게다가 "그쪽 비즈니스는 뭔가 재미있어 보이네요"라고 말했습니다. 그 후 2주 정도 지나서 결재되어 자금을 조달할 수 있었습니다.

이렇게 아주 작은 화법의 차이로 시간과 노력의 낭비를 줄이고 성과도 낼 수 있었습니다. 시간 부자가 되고 싶다면 말하고 전달하는 방식도 생각해놓는 게 좋습니다.

구체적으로, 커뮤니케이션에서 시간 효율을 높이려면 다음 사항에 주의하면 좋습니다.

첫째, 결론과 결과는 처음에 말한다.

비즈니스 자리에서의 보고는, 무엇에 관해서든 '결론과 결과'를 먼저 말하고 그 후 경과나 원인을 말할 것. 이런 우선순위를 확실히 정해두지 않으면 상대의 시간을 빼앗을 뿐 아니라 무슨 일을 하는지 애매한 사람 혹은 일을 못하는 사람이란 인상을 주게 됩니다.

둘째, 껄끄러운 이야기는 빨리 말한다.

상대에게 플러스되는 정보라면 누구라도 어렵지 않게 이야기합니다. 하지만 마이너스되는 정보를 전할 때는 결과보다 이유나 변명이나 의견을 줄줄이 늘어놓는 경향이 있습니다.

이런 변명이나 이유를 열심히 늘어놓으면 놓을수록, 상대를 이해시키는 데 시간이 더 걸리기 때문에 아무리 마이너스되는 정보여도 과감하게 빨리 꺼내는 게 좋습니다.

부탁할 때도 마찬가지입니다. 본론에 들어가기 전에 주절주절 서론을 늘어놓는 사람이 있습니다. 말하기 어려운 이야기를 꺼내는 건 물론 주저되겠지만, 주절주절 장황하게 말하는 건 상대의 기분을 불편하게 하고 소중한 시간을 빼앗는 행위입니다.

부탁이나 말하기 어려운 이야기를 할 때는 서슴없이 시작하는 것이 좋습니다. 말하고 나면 별것도 아닌 괜한 걱정인 경우도 있습니다.

셋째, 남을 혼내거나 조언할 때는 여러 문제를 나열하지 않는다.

할 말이 많이 있어도 한 번에 말하면 상대는 받아들이지 못합니다. 우선순위를 정해 하나씩 문제를 해결해가도록 합시다.

넷째, 상대를 설득하려면 밀어붙이는 것보다는 질문 형식으로 말한다.

말을 잘하는 사람일수록 상대를 설득할 때 열변을 토하는 경향이 있습니다. 말의 기술로 상대를 설득할 수 있다고 생각하는 것입니다. 하지만 정색하고 열변을 토하면 상대가 반발해 이야기가 잘 풀리지 않는 경우가 많습니다.

그럴 때는 많이 말해서 상대를 굴복시키지 말고, 질문 형식으로 시작해 상대방도 함께 머리를 맞대어 이야기할 수 있도록 합시다.

예를 들어, 상대가 실현 불가능한 계획을 굽히지 않고 밀어붙인다고 합시다. '그건 안 돼'라고 잘라 말하지 않고 '그 계획은 며칠 걸릴까?' '예산은 어떻게 하지?'와 같은 질문을 던져나가는 것입니다.

그렇게 하다 보면 상대는 자신의 계획에 허점이 있다는 것을 깨닫게 됩니다.

끝으로, 사실과 의견을 나눠 말한다.

말이 장황하고 지루한 사람에게 자주 보이는 점이 사실과 의견을 정리하지 못한 채 말하는 것입니다. 이렇게 되면 상대방은 이해하는 데 시간이 걸립니다.

말의 길이보다 질을 의식하자.

내 이미지는
내가 만드는 것

시간도 돈도 기회도 결국은 사람이 가져다줍니다. 그렇다면 다양한 사람과 만나서 넓은 인맥을 만들어두는 것만큼 좋은 것도 없겠지요.

제게는 한두 번밖에 만나지 않은 사람과도 금방 친해질 수 있는 기술이 있습니다. 인간관계를 다지는 데 시간이 오래 걸리는 사람이라면 '타고난 성격의 차이네. 부럽다'라고 생각할지 모르지만 전혀 그렇지 않습니다.

저는 낯을 매우 가리는 사람이었습니다. 서른이 되기 전까지는 제대로 상대방의 얼굴을 보며 말하는 것조차 힘들었습니다.

하지만 경영자로서 인맥을 만드는 것이 절실했습니다.

그래서 최대한 부드럽게 인간관계를 쌓고, 가능한 한 짧은 시간에 상대와의 거리를 좁히는 방법을 시행착오 끝에 짜냈습니다.

짜냈다고는 하지만 전혀 어렵지 않기 때문에 여러분에게 전해드리겠습니다.

먼저 누군가와 처음 만났을 때 대부분 명함을 주고받습니다. 그때 습관으로 만들 행동은 다음과 같습니다.

반드시 상대방의 이름을 성을 포함해서 소리내 말한다.

최근에는 영문으로만 된 명함도 많기 때문에 이름을 맞게 읽었는지 확인하는 이유도 있지만, 실은 이 행위만으로도 상대와의 거리가 훌쩍 줄어듭니다.

보통 사람들은 자신의 이름을 불러주는 것을 기분 나빠하지 않습니다. 오히려 자신에게 관심이 있다고 생각해서 호의를 가집니다.

그리고 상대를 풀네임으로 부르면 상대도 자연스레 이쪽을 풀네임으로 불러줍니다. 이렇게 서로가 서로의 이름을 부르고 불러주면 어떻게 될까요.

인간의 마음은 신비로운 것이라 사이가 좋고 가깝다고 착각하게 됩니다. 좀 더 상대를 알고 싶어지는 마음이 생기게 됩니다.

친해진 후에 서서히 이름으로 부르는 것은 여러분 모두 알고 있겠지만, 처음부터 풀네임으로 불러 사이가 좋아지는 케이스도 있다는 사실을 기억해두세요.

그리고 만났을 때 이름에 관한 에피소드를 하나 이야기하면 여러분의 이름은 상대방의 기억에 오래도록 남을 것입니다.

예를 들어 "저는 장세희라고합니다. '세상 세(世)'에 '빛날 희(熙)'를 씁니다"라고 말하는 것입니다. 이렇게 한마디 더하는 것만으로 상대는 '저 사람은 세상을 빛나게 하는 이름을 가졌구나'라고 기억합니다.

그리고 상대가 윗사람이 아니라면 두번째 만날 때부터 반드시 성이 아닌 이름을 불러 인사합니다.

"안녕하세요, ○○씨."

"오랜만입니다, △△씨."

의식하지 않고 자연스레 이렇게 이름을 부르면 상대는 '날 기억하는구나'라고 기뻐합니다. 게다가 처음 만났을 때 자연스럽게 좋아하는 음식이나 생일, 출생지 등을 물어보고 연관된 이야기를 한다면 더 좋아할 것입니다.

풀네임으로 부른다.
두번째부터는 인사할 때 이름으로 부른다.

　대하기 어려운 사람이나 교섭이 험난할 것 같은 사람과 인간관계를 쌓는다는 것은 꽤 어려운 일입니다. 하지만 고작 이것 하나만으로 상대방 마음에 쉽게 기억될 수 있습니다. 그리고 이는 상당한 시간적 비용 단축이라 할 수 있겠지요.
　또한 처음 만나는 사람에게 미리 자신의 정보를 상대에게 전달해놓는 것도 이후의 인간관계를 빨리 쌓는 데 효과적입니다.
　방법을 말하자면, 누군가를 만나기 전에 그 사람과 친한 사람에게 미리 나의 기초 데이터를 말해달라고 부탁해놓는 것입니다.
　"실은 ○○씨랑 다음 주 월요일 만나게 됐어요. 혹시 ○○씨랑 얘기할 일 있으면 잘 부탁드린다고 전해주세요."
　상사나 상대를 알고 있는 지인에게 위와 같이 부탁해놓으면 분명 내 이야기가 상대에게 미리 전달돼 있을 것입니다. 조금이라도 괜찮으니 나에 대한 정보를 미리 전달받았다면 상대는 만나기 전부터 흥미를 가질 것입니다.
　부탁할 사람이 없을 때는 만나기 전날 직접 상대에게 전화해서 "월요일 ○시에 뵙겠습니다. 어서 뵙고 싶은 마음에 이렇게 먼저 전화드립니다"라고 관심이 있다는 것을 어필합니다. 이것만으로도 같은 효과를 얻을 수 있습니다.

제가 이렇게 사전 준비를 하게 된 것은 오래전 TV 프로그램 〈돈의 호랑이〉에 출연했던 무렵부터입니다. 당시에는 처음 보는 사람과 만날 때도 상대는 이미 제가 어떤 인물인지 아는 경우가 대부분이어서 쉽게 이야기가 진행되었습니다.

〈돈의 호랑이〉라는 방송은 도전자가 호랑이 자리에 있는 사장에게 사업 계획을 프레젠테이션하여 출자나 투자를 얻어내는 기획이었습니다. 사장은 본인의 돈을 내놓는 것이기에 도전자에게 하는 질문이 날카로워지고 현실성 없는 사업 계획이나 예의를 갖추지 않은 도전자에게는 엄격해집니다.

때문에 당시 TV를 보던 사람은 일제히 '우스이 사장은 무서운 사람' '엄격한 사장'이라는 인상을 받았나 봅니다.

그런데 방송이 아닌 개인적인 자리에서 만나보니 '상냥한 사람이네요' '친해지기 쉬워서 놀랐어요'라며 TV 이미지와 차이가 있음을 말하는 사람이 많았습니다. '좋은 의미에서 배신당했다'는 말을 〈돈의 호랑이〉가 방송되던 시절에는 자주 들었습니다. 이런 오해의 시간을 조금이라도 줄이고자 사전 준비를 하기 시작했습니다.

처음 만나는 사람과는 서로 대화의 시작점을 찾느라 주제나 핵심을 말하기 위한 시간이 많이 걸립니다.

하지만 어떤 형태로든 사전에 자신의 정보를 상대에게 전달해놓으면, 처음 만나는 사이여도 이야기가 바로 시작되기 때문에 주제나 핵심으로 수월하게 이어지게 됩니다.

관계의 승패를 우연에 맡기지 말고, 스스로 만들어가자.

감동을 주는
미니 손편지

인간관계란 운명처럼 첫 만남에 완성되는 경우도 있지만, 오랜 시간을 들여 만들어가는 경우도 있습니다. 물론 느긋이 쌓은 인간관계도 소중하지만 단시간에 유익한 인맥을 넓혀갈 수 있다면 그만한 것도 없겠지요.

하지만 주의할 것은 인간관계를 쌓을 때 시간 단축에만 너무 신경 쓴 나머지 결과적으로 시간을 더 쓰게 되는 어리석음을 범하지 않는 것입니다. 사람과의 커뮤니케이션은 처음에 시간을 넉넉하게 들이는 것이 오히려 시간 절약이 되는 일도 있습니다.

'어제는 만나뵙게 되어 영광이었습니다. 이를 계기로 앞으로 잘 지냈으면 좋겠습니다. 우선 메일로 대신하겠습니다.'

다른 업종의 사람과 교류하는 자리에서 명함을 주고받으면 다음 날 분명 이런 메일이 몇 통쯤 와 있습니다. 100명과 명함을 주고받았다면 그중 15명 정도에게는 이런 인사나 감사의 메일을 받습니다.

예전에는 감사나 인사라고 하면 편지나 엽서가 대부분이었지만, 글자를 '쓰다'에서 '치다'로 변화한 지금은 대부분 메일로 받게 되었습니다.

시간이나 작업 효율을 생각하면 메일은 확실히 뛰어납니다. 하지만 그중에는 너무나 사무적이고 마음이 조금도 느껴지지 않는 메일도 있습니다. 심지어 분명 단체로 보낸 메일도 많습니다.

이런 메일을 보내면 상대와 좋은 인간관계를 쌓는 시간이 더 걸릴 거라는 것은 말할 필요도 없습니다.

명함을 주고받은 사람과 좋은 관계를 맺고 싶다면 메일이라 해도 내용 어딘가에 '손편지' 요소를 남겨야 합니다. 쓰는 시간이 더 걸려도 결과적으로 상대방과 인간관계를 쌓는 시간은 단축되기 때문입니다.

저는 명함을 받으면 **가능한 한 그날 '미니 편지'를 이용해 감사 편지를 씁니다.** 편지라고 하면 부담을 느끼는 분도 많겠지만 격식을 갖춘 서두, 계절에 따른 인사말 없이 세 줄에서 다섯 줄 정도로 형태가 갖춰지는 미니 편지라면 결과적으로 아주 조금의 수고만 들이고도 상대방과의 인간관계를 빠르게 쌓을 수 있다고 믿기 때문입니다.

명함을 받은 당일에 정리하고 상대방의 인상과 나눴던 대화를 떠올리며, 다음에 만날 때는 '이런 이야기를 해야지, 이런 걸 물어봐야지'라고 생각합니다. 그리고 상대방의 얼굴을 떠올리며 각각에 어울릴 만한 화제를 하나 골라 편지지에 적습니다.

어쩔 수 없을 때만 편지가 아닌 빠르고 편한 메일로 인사를 대신합니다. 하지만 가능한 한 제 이름이 디자인된 '오리지널 미니 편지지'로 인사나 감사를 전합니다.

'바쁜 와중에 직접 손으로 써서 편지를 보내다니요. 글씨도 잘 쓰시네요.'

이런 말을 듣기도 하지만 미니 편지라면 메일 쓰는 것과 비슷한 정도의 노력으로도 가능하기 때문에 계속할 수 있습니다.

자필로 편지를 쓰는 것은
저의 중요한 영업 활동이자 습관이기도 합니다.

지금이야 영업과 경영전략 강연을 하고 있지만 경영자가 갓 되었을 때의 저는 사람 눈을 보고 말하는 것조차 잘 못했습니다. 영업하러 가서는 바닥만 볼 뿐, 상대방의 질문에 대답도 못한 채 돌아오는 일도 많았습니다.

명함을 받은 날 정리해서 엽서나 편지로 인사하게 된 것은 그 무렵에 갖게 된 습관입니다. 좀 더 말하자면 영업하러 간 곳에서 받은 질문과 요구 사항에 대한 답을 뒤늦게 엽서에 써서 보냈던 것이 계기입니다. 전화로 말할 수도 있지만 말주변 없는 저로서는 어떻게 말을 꺼내야 할지 몰랐습니다.

하지만 엽서나 편지라면 차분히 답변을 쓸 수 있는 데다, 영업에 서툰 인상을 조금이라도 없앨 수 있겠다는 생각으로 시작했습니다. 이 습관으로 저는 많은 사람과 인맥을 쌓을 수 있었습니다. 덕분에 예의 바른 사람으로 기억돼 큰 규모의 거래처를 소개해준 분도 있습니다.

처음 만나 명함을 받은 사람에게 인사말을 보낼 때는 효율만을 생각해 메일에 의지하기 쉽습니다. 하지만 편지 같은 형태로 시간과 수고를 들이면 **상대에게도 마음이 전해져 결과적으로 인간관계를 쌓는 시간이 단축됩니다.**

8년 전쯤 이런 일이 있었습니다. 기업가를 대상으로 70명 정도의 사람 앞에서 강연했을 때입니다.

 강연이 끝나고 강연을 들은 사람 모두와 명함을 교환한 다음 날 아침, 메일함에는 세미나에 대한 감상과 인사말을 적은 메일이 30통 정도 도착해 있었습니다.

 그중 한 통을 보고 깜짝 놀랐습니다.

 "선생님, 세미나를 수강한 ○○입니다. 선생님에게 배운 것을 바로 실천하겠습니다. 실례인 줄 알지만 메일과 편지로 '목표 선언'을 이행하려 하니 부디 잘 부탁드립니다……."

 그날 세미나에서 저는 기업가로서의 목표 설정 방법, 목표는 종이에 써서 벽에 붙여놓을 것, 매일 소리내 읽을 것, 바로 시작할 수 없을 것 같으면 존경하는 사람이나 동경하는 사람에게 **'저는 ○○년 ○○월까지 ○○를 꼭 달성하겠습니다!'라고 선언하는 것이 좋다**고 이야기했습니다. 메일을 보내온 사람은 그것을 실행하고 싶다는 것이었습니다.

 그리고 다음 날 그분에게 한 장의 사진이 담긴 편지가 도착했습니다. 사진에는 벽에 붙은 '목표 선언' 앞에서 미소를 띄고 있는 수강생이 있었습니다.

 '선생님, 고맙습니다. 세미나 마니아인 저도 이것으로 강의만 듣는 것은 졸업입니다. 목표를 향해 이제 달리는 일만 남았습니다.'

손으로 직접 쓴 짧은 문장이었지만 상대의 마음이 전해졌습니다. 강사로서 이만큼 감동했던 적은 없습니다.

최근에는 비즈니스 문서는 물론 새해 인사, 경조사 알림, 이사로 인한 주소지 변경 등도 모바일로만 하는 경우가 많습니다.
확실히 이런 문화는 편리해서 수고스러움이 생략되는 듯싶지만 실은 인간관계를 더 멀어지게 하는 점도 있지 않을까요.
인간의 본질은 디지털이 아닌 아날로그입니다. 그렇기에 저는 더더욱 메일에 의지하지 않고 직접 손으로 쓴 편지를 오늘도 보내고 있습니다.

**타인과의 교류에서 시간을 아끼면
이후에 더 많은 시간을 들여야 한다.**

일을 나눠서 하는 기술

경영자나 관리직의 시점에서 시간 활용에 관해 생각할 때, 피할 수 없는 문제가 있습니다.

사람을, 어떻게 쓸 것인가.

물론 개중에는 무엇이든 혼자서 하려는 경영자도 있습니다. 그런 사람들은 한편으로는 일을 잘하는 사람으로 보이지만 실은 시간을 비효율적으로 쓰고 있는 것에 지나지 않습니다.

경영자나 관리직에 있는 사람은 대부분 시간 가치(시급)가 높고, 부하나 일반 사원과 같은 일을 해서는 시간 가치에 부합하다고 이야기할 수 없습니다.

게다가 경영자가 일을 다 해버리면 부하가 일을 통해 성장할 수 있는 기회를 빼앗게 됩니다. 결과적으로 부하가 제 몫을 하도록 성장하는 것도 늦어지고, 회사 실적이 오르는 것 역시 늦어지겠지요. 여러 의미로 시간을 낭비하고 있는 것입니다.

제 지인 중 '어떻게 그 사람은 항상 영업실적이 좋은 거지?'라고 궁금증을 불러일으키는 사람이 있습니다. 야근도 거의 없고 그 밑에서 일하는 부하 직원 역시 마찬가지입니다. 악착같이 일하는 인상 또한 없습니다. 그런데 영업실적은 항상 톱.

그 이유는 그가 남에게 일을 맡기는 방식이 뛰어나기 때문입니다. **부하 직원에게 일을 분배하고, 상대가 의욕을 가지고 일할 수 있게 전달하는 것이 뛰어납니다.** 경영자와 관리직에 요구되는 것은 바로 이러한 프로듀스 스킬입니다.

무엇이든 주도권을 잡고 업무를 지휘한다고 좋은 것이 아닙니다. 시간을 낭비하지 않으려면 상대가 기분 좋게 효율적으로 일할 수 있도록 할 필요가 있습니다.

그러기 위해서는 다음 사항을 주의합시다.

첫째, '당신이니까 맡긴다'를 강조한다.

'맡겨주면 좋겠다, 도움이 되고 싶다'는 마음은 누구에게나 있습니다. 남에게 일을 부탁할 때는 "당신이니까 부탁하는 거예요" "당신의 힘을 빌리고 싶어요"라고 상대의 자존심을 치켜세워주는 것이 비결입니다.

반대로 '누구든 상관없으니까 도와줬으면 좋겠어' '한가한 거 같으니까 해줘'라고 말하면 부하 직원은 동기부여가 되지 않아 일하는 데 노력을 다하지 않습니다.

둘째, 세세하게 나누어 부탁한다.

일을 시킬 때, 무엇을 어떻게 해주면 좋을지 확실하게 설명하는 것이 좋습니다. 아무리 설명하는 사람이 잘 알고 있더라도 상대방이 이해하지 못한다면 결과는 좋지 않게 됩니다.

예를 들어 신상품의 기획 작성을 부탁할 때, 갑자기 "기획서 만들어"라고 하면 경험이나 자신감이 없는 사람은 어디부터 손대면 좋을지 알 수 없습니다. 그래서 '이거 큰일이네. 안 되는 거 아냐'라는 생각에 일을 시작하더라도 좋은 성과는 기대하기 어렵습니다.

남에게 일을 맡길 때는 세세하게 나누어 부탁하는 것이 비결입니다. 일을 세세하게 나누면 '무엇을 어떻게 하면 될지'를 알게 되고 '할 수 없어' '큰일이다'라는 이미지가 사라져 일을 시작하기 쉬워지기 때문입니다.

  신상품 기획을 세운다면 기획 요소인 '시장조사' '기존 상품 분석' '유사 상품 조사' '비용 분석' 등 몇 가지 작업으로 일을 분류해서 "시장조사만 하도록" 하고 맡깁니다. 이후 나머지도 차차 지시합니다. 이 방법은 부하 직원을 모아 팀으로 일할 때도 유효합니다.

  일을 구체적으로 나누면 일이 수월하게 느껴질 뿐 아니라, 사람을 부리기도 쉬워지고 스피드도 높아져 팀 결속이 생깁니다. 서로 경쟁의식도 생겨 질 높은 업무 처리가 가능해집니다.

셋째, 완성된 일에 적절히 피드백한다.

  부하 직원에게 일을 맡길 때 "다음에 술 사줄게" "맛있는 거 사줄게" 등 당근을 제안하는 사람이 있습니다. 하지만 이는 부하 직원의 능력과 인격을 생각하지 않은 발언이며, 뭔가와 교환하겠다는 발상은 시대착오적입니다.

  부하 직원이 맡은 일을 완수했을 때, 그 성과를 확실히 평가하는 것이 가장 중요합니다.

  상사에게 보고할 때 결과를 자신의 공으로 삼지 않고 반드시 "부하 직원이 많이 애썼습니다"라고 일한 사람의 공을 인정하는 것입니다. 이렇게 하면 부하 직원은 활기차게 일하게 되고 실력도 좋아집니다.

　결과적으로 시간을 낭비하지 않고 부서의 실적을 올리며 자신의 평가도 올리게 됩니다.

　업무는 혼자서 끌어안지 말고 직원들에게 능숙하게 배분하면 빨리 마무리될뿐더러, 부하 직원의 능력까지 향상시킬 수 있습니다. 그것이 당신의 시간을 늘리는 길이기도 합니다.
　사실 저 자신도 은연중 '내가 하는 게 빠르지' 하고 생각하고 마는 사람입니다. 그렇더라도 그것은 시간 가치적으로 최악이란 걸 알기 때문에 매일 그 유혹과 싸우고 있습니다.

**남을 쓰지 못하는 사람은
언젠가 시간을 쓰지 못하는 사람이 된다.**

상대의 의욕을 높이는
말 한마디

경영자나 리더에게는 사원과 부하 직원에게 동기부여를 하는 것도 중요한 일입니다.

사기가 높다면 직원은 자발적으로 움직이게 되고 경영자나 리더는 시간을 보다 효율적으로 쓸 수 있게 됩니다. 반면에 동기부여가 되지 않는다면 누군가 지시할 때까지 움직이지 않는 사원이 늘고, 경영자가 스스로 뛰어다니며 일을 해결해야 하는 상황이 연출됩니다.

하지만 그렇다고 매일 사원 한 사람씩 주시하고 있을 수는 없습니다.

매일매일 바쁜 경영자와 리더는 가능한 한 짧은 시간에 사람들이 자발적으로 움직일 수 있도록 의욕에 불을 지펴줄 필요가 있습니다.

여기서 유용하게 사용할 수 있는 것이 '말'입니다. 우연히 엘레베이터에서 마주쳤을 때 단어를 잘 골라 말을 걸면, 그것만으로도 사원의 사기가 높아지고 적극적으로 움직여주는 일도 있습니다.

제가 자주 쓰는 말은 이것입니다.

"일 잘하네. 잘하고 있어."

조직이 크면 클수록 사원에게 경영자나 상사는 머나먼 존재처럼 느껴지는데, 이 말 속에는 '나는 언제나 당신을 보고 있어요. 좋게 평가하고 있어요'라는 마음이 담겨 있습니다.

"일 잘하고 있네"라고 한마디 건네면 그것만으로 '항상 나를 봐주고 있구나'라고 생각해서 의욕적으로 일하게 됩니다.

그 반대로 쓰지 않으려고 주의하는 말도 있습니다.

저는 직원에게 "수고해"라고 말하지 않습니다.

'수고해'라는 말은 정말로 수고하는 사람이 듣기에는 너무 가볍기에, 스스로 생각하고 행동하는 사람에게 써서는 안 되는 말이기 때문입니다.

자신이 할 수 있는 최대한을 하고 있는 부하 직원에게 "수고해" 같은 말을 하면 '나는 이렇게 애쓰고 있는데 상사는 아무것도 모르잖아!'라고 반발해 사기가 떨어질 뿐입니다.

말 한마디로 사원의 의욕에는 커다란 차이가 생깁니다. 이는 경영자나 리더가 일을 진행할 때 커다란 시간의 차이로 돌아오게 됩니다.

**술자리 커뮤니케이션만이
부하 직원과의 관계를 깊게 하는 수단은 아니다.**

독학보다 빠른
전문가의 조언

저는 무엇이든 혼자서 알려고 하지 않습니다. 내 전문 분야가 아닌 것은 아는 이에게 묻습니다.

독학은 시간이 많이 걸리기 때문에 타인의 힘을 빌리는 것이 매우 중요합니다.

경영자가 막 되었을 때의 저는 경리 업무에 서툴렀습니다. 어떻게든 극복하려고 서점에 가서 관련 책을 몇 권이나 구입해서 열심히 공부했습니다. 하지만 몇 권을 읽어도 알듯한 기분만 들고 이해되지는 않았습니다.

그런데 경리에 정통한 지인에게 도움을 요청하자 바로 이해가 되었습니다.

모르는 것은, 그것을 알고 있는 사람에게 물어본다.

문제를 해결하기 위한 가장 빠르고 확실한 방법입니다. 무엇이든 자기가 찾아보고 해결하려고 하면 아무리 시간이 많아도 부족하기 마련입니다.

특히 할 일이 많은 경영자나 관리직이라면 더욱더 그렇겠지요. 할 수 있는 것과 없는 것을 명확히 구분해서 할 수 없는 것은 누군가에게 의지하지 않으면, 아무리 시간이 흘러도 시간 빈곤 상태를 벗어날 수 없습니다.

저는 이런저런 분야에 정통한 사람들의 리스트를 만들어두고 모르는 게 있으면 바로 도움을 청할 수 있는 환경을 갖춰두고 있습니다.

메일매거진이나 블로그, 인터넷 관련은 업계 1인자인 지인, 동양의학이나 한방에 대해서는 친구에게 소개받은 중국인, 유행하는 패션이나 미용은 메이크업아티스트, 집필 관련 문제는 출판 기획자, 강연회나 세미나에서 인기 테마를 찾을 때는 강연회 에이전시 담당자.

이렇게 '특정 분야의 지식인'을 알아둔다는 건 스스로 아는 것보다 여러가지 가능성이나 시간을 넓혀줍니다.

**할 일이 많은 사람은 스페셜리스트가 아닌
제너럴리스트를 목표로 삼는다.**

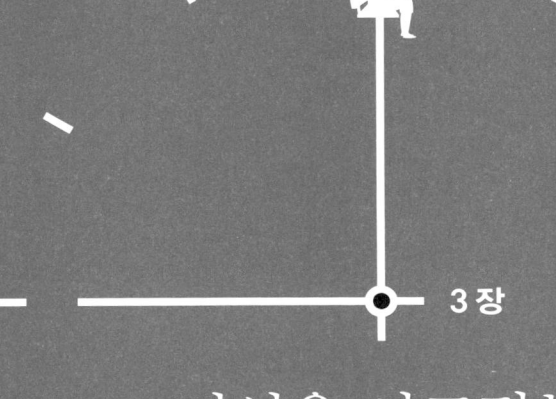

3장

시선을 사로잡는
메일과 SNS 기술

정보와 감동을 주는 글은
어떻게 쓸까?

메일 확인은
하루 두 번만

매일 아침 사무실에서 가장 먼저 하는 일은 무엇인가요?

이런 질문을 받으면 '메일 확인'이라고 답하는 사람이 많지 않은가요.

비즈니스 업계에서 일하고 다양한 프로젝트에 참여하며 경험을 쌓고 인맥도 넓은 사람이라면, 전날 메일을 모두 처리하고 컴퓨터를 껐다 해도, 다음 날 대량의 메일이 도착해 있는 상황과 마주하게 됩니다.

한번 생각해보세요. 그중 환영할 만한 메일은 얼마나 되나요? 애타게 기다리고 있던 메일은 어느 정도인가요?

이는 자신에게 몇 통의 메일이 왔는지 인식하는가와 메일의 중요도를 판단할 수 있는가에 대한 물음입니다.

바로 말할 수 있다면 메일에 지배당하고 있지 않으며, 시간을 효율적으로 활용할 수 있는 사람입니다.

그럼에도 주의해야 할 것은 제목에 '감사 인사' '연락'이라고만 써 있고 자세한 내용을 추측할 수 없는 메일이나 '긴급' '중요'라고 해놓고 빨리 보게끔 하는 메일입니다.

제목만으로 용건을 알 수 없는 메일을 보낸 사람은 의도하지 않았다 해도 받는 이의 생산성을 방해하는 '시간 도둑'입니다.

메일 확인을 재촉하는 송신자는 자기중심적이며 타인의 사적 공간에 TPO를 갖추지 않고 침범하는 시간 도둑이라 할 수 있습니다.

감사 인사나 연락을 위해 메일을 보내는 것은 업무상 흔한 일이지만 단지 '전날은 감사했습니다' '만나뵐 수 있어 영광입니다' '다시 만나뵙기를 고대하고 있겠습니다'만 써 있고 마음에 남는 메시지나 납득할 만한 정보가 없는 메일은 그저 의례적일 뿐입니다.

또한 확인을 재촉하는 메일은 대부분 판매나 광고 등 목적을 위한 스팸입니다.

그런 메일에 질려 하면서도 아무 행동도 취하지 않고 '그냥

보존' 때에 따라 '삭제'하는 것으로는 당신의 시간이 침식될 뿐입니다.

왜 그런 메일이 쇄도하는 걸까?

상대에게 문제가 있다고 생각하기 전에 자신의 행동을 의심해봅시다.

- 정보 수집을 위해 여러 메일매거진에 등록 → 매일 여러 메일매거진이 도착하지만 실은 별 필요가 없다.
- 모임에서 여러 사람과 명함 교환 → 감사 인사나 초대 메일이 와도 상대의 얼굴이나 나눴던 대화가 기억나지 않는다.

정보도 사람도 넓고 얕게 관계를 가지면 불필요한 것을 짊어지는 꼴이 됩니다. 그것은 노력과 시간을 빼앗는 괴물과 마찬가지므로 바로 정리하는 게 좋습니다.

불필요한 메일매거진 수신을 정지시키는 것은 당연하지만 얼굴이 기억나지 않는 사람이나 의례적인 말만 쓴 메일에는 답장하지 않는다고 나름의 룰을 정해놓는 것도 좋습니다.

제 경우를 보자면 다음과 같습니다.

- 메일 체크는 업무 시작 전후, 두 번 외에는 보지 않는다.

- 필요하지 않다고 생각되면 바로 삭제.
- 보관하는 메일은 주고받을 필요성을 느끼는 상대에 한해서만.
- 기다리고 있던 메일이어도 바로 회신하지 않는다.

이를 습관화하면 넘쳐나는 메일로 고민하지 않아도 되고, 필요한 정보와 만나야 할 사람을 명확히 판단할 수 있습니다. 결과적으로 시간을 유용하게 활용할 수 있게 되어 일이 순조로워집니다.

자신만의 룰에 따라 메일을 처리하자.

일을 잘하는 사람은
즉답하지 않는다

앞서 저는 기다리던 메일이어도 바로는 답하지 말자고 이야기했습니다.

이에 의문을 느끼는 분도 있겠죠.

'상대를 일부러 기다리게 하는 거야?'

'메일의 내용이 마음에 안 들어서 그런가?'

어느 쪽도 아닙니다. '말의 무게'를 생각하기 때문입니다.

커리어와 스킬을 쌓아 책임 있는 위치에 있는 사람이라면 알 것입니다.

사회 초년생이라면 "저도 모르게 깜빡" "죄송합니다"로 넘어

갈 수 있을 잘못이나 착각도 고위직, 관리직 그리고 중견 사원이라면 '사죄'로 끝나지 않습니다.

상대는 높은 자리에 있는 사람이 보낸 메일을 100% 거짓이 아닌 진실로 받아들입니다. 그 메일에 수치나 날짜의 오기, 오해가 있다고는 생각할 수 없습니다.

업무에 능숙한 사람은 메일을 받으면 몇 번이나 다시 읽어 내용을 파악한 뒤, 정확한 단어를 써서 오탈자 및 숫자와 존칭 등을 여러 번 확인한 후 답장을 보냅니다.

저의 경우, 급히 회신해야 할 때를 제외하고는 '하룻밤 재운다'를 모토로 삼고 있습니다.

실제로 하루가 지나 메일을 다시 읽어보면 수요일과 목요일을 틀리게 썼거나 '부장'으로 승진한 사람에게 '과장'이라 쓴 적도 있습니다. 스케줄 관리나 단골 거래처를 잘못 파악한 실수를 나중에 발견한 적도 있습니다.

스스로 절대 착각하거나 타이핑 실수가 없을 거라고 자신하는 것이야말로 실수를 불러옵니다.

메일을 받았다면 바로 회신해야 하는 것이 예의라 생각하는 분. 훌륭한 생각이지만 회신에 급급해 상대가 바라는 답과 어긋나지는 않았나요?

메일의 매력은 편지보다 간단하고 전화보다 가볍게 자신의 생각이나 정보를 전할 수 있다는 점입니다.

그렇지만 만약 편지로 회신한다면, 단어 선택이나 내용에 틀린 것은 없는지 누구든 신경 쓰게 될 것입니다. 그러고는 써놓은 편지를 몇 번이나 다시 읽어본 뒤 우체통에 넣습니다.

메일을 보내온 사람에게 전화로 답할 때는 상대의 일이나 라이프스타일을 고려해서 전화하고, 시간을 빼앗지 않게 '필요 없는 것'은 말하지 않습니다.

답장도 전화도 그런 '배려=빈 칸의 시간'이 필요합니다.

능숙한 사람은 그 '빈 칸'을 메일에도 넣는다 할 수 있습니다.

'바로 확인해도 바로 답하지 않는다.'

이렇게 생각하는 것만으로도 당신이 보낸 메일은 풍부하고 실수 없는 내용이 됩니다.

메일에는 '빈 칸의 시간'이 중요하다.

마지막 한 줄로
마음을 움직인다

지위나 직책이 높은 사람, 행동력 있는 사람, 인맥이 넓은 사람에게는 매일 많은 메일이 쏟아집니다.
비즈니스 사회에서 메일은 실적에 비례해 늘어나기 때문입니다.
일 잘하는 사람은 연일 흘러넘치는 메일 속에 살고 있다 해도 과언이 아닙니다. 때문에 당신이 고심해서 작성한 메일도 상대 메일함에서 존재감을 잃을 가능성이 있습니다.
그런 상대에게 당신의 메일을 기대하며 기다릴 수 있게 해주는 방법이 있습니다.
바로 메일 마지막에 P.S. 즉, 추신을 한 줄 더하는 것입니다.

단, 편지나 엽서에 의례적으로 더하는 추신과는 의미가 다릅니다.

지금부터 소개할 '한 줄의 P.S.'에는 당신을 호감 가는 존재로 여기며 함께 일하거나 만나고 싶도록, 상대를 '긍정적인 마인드'로 만드는 힘이 있습니다.

가령 메일로 미팅을 요청했다고 합시다. 상대는 평소 거래하는 회사의 경영자입니다.

이런 경우 '제목'에 통상 '미팅 요청'이라고 쓰지만 '○○ 사장님께 제일 먼저 소개하는 신제품 △△' '○○인증 신제품을 소개합니다'와 같이 구체적으로 쓰는 것이 좋습니다.

그리고 면담의 취지나 스케줄 문의 등을 간결하게 적었다면 대부분 '바쁘신 줄은 알지만 만날 수 있게 된다면 기쁠 것 같습니다'라고 마무리하겠죠.

그다음에 '서명'이 들어가면 일반적인 비즈니스 메일이지만 저는 그렇게 하지 않습니다.

'사장님과 만나뵙기를 기대하고 있겠습니다.'

위와 같이 마무리한 뒤, 다음의 추신처럼 상대 회사의 상품이나 상대방의 인품, 약간의 개인적인 일을 더합니다.

P.S.

'○○(상대 회사의 상품)을 애용한 지 3년. 이제 이게 없으면 안 돼요.'
'사장님과 함께 일하는 꿈을 꾸었습니다.'
'이제 곧 생일이시네요.'
'처음 만나뵀을 때의 감동을 아직도 기억하고 있습니다.'

개인적으로도 친분이 있다면 다음과 같이 상대와의 관계를 이야기해주는 에피소드나 정보를 한 줄 더해도 좋습니다.
'사장님이 좋아하실 것 같은 양식집을 발견했어요.'
'숙성 고기의 맛, 사장님이 얘기하신 의미를 알 것 같습니다.'
'추천해주신 책 ○○을 읽고 감격했습니다.'
'알려주신 ○○ 덕택에 다이어트에 성공했습니다.'

비즈니스 메일의 본래 취지가 제대로 갖춰졌다면 더욱더 이러한 P.S.의 힘은 발휘됩니다. 상대방은 거기에서 자신과 회사에 대한 관심의 깊이를 느끼게 됩니다.

형식만 갖춘 메일은 사람의 마음을 움직이지 못합니다.

상대방을 움직이는 것은 약간의 놀람이나 예상치 못한 기분 좋은 정보가 자연스레 P.S.로 더해진 메일입니다.

메일 본문은 간결하게 정리하고 P.S.에서 서프라이즈를 선물한다.

    그러면 답변이 올 확률은 현격히 높아집니다. 그에 더해 예상하지 못한 인연이나 일과도 만날 수 있습니다.

    10년 이상 한 줄 P.S.를 실천해오고 있는 저는 지금은 '우스이 씨 메일은 즉시 읽는다' '인상에 남는 P.S.를 쓰고 계시네요' 같은 감사한 말을 듣고 있습니다.

    한 줄 P.S.는 당신의 메일을 빛나게 합니다.

메일에 여운을 연출하는 것으로 사람의 마음이 움직인다.

사소한 변화로
친근감을 주자

여러분은 메일을 항상 풀네임인 '○○○님께'로 시작해서 정해진 비즈니스용 서명으로 끝내고 있지 않습니까?

알고 지낸 지 얼마 되지 않았거나, 사회적 지위가 있는 사람, 이해관계에서 우위에 있는 이라면 괜찮습니다.

한편 빈번하게 메일을 주고받거나, 직책이 높지만 당신에게 관심을 가져주거나 마음 편히 이야기할 수 있는 상대라면 풀 네임인 ○○○님 존칭으로 메일을 주고받을 필요는 없습니다.

오래 알아왔는데 '○○○님'은 건조해 보입니다.

정중하게 대하는 것은 이해하지만 조금 서운한 기분이 드는 건 누구든 마찬가지일 것입니다.

저는 아직 친하지 않을 동안에는 상대의 회사명, 부서, 직책, 풀네임 ○○○님을 적은 메일을 보내지만, 어느 정도 가까워진 후에는 메일을 주고받으며 오피셜한 비즈니스 서명을 생략하고 제 이름만 적습니다.

그러면 상대도 호응하듯 친밀하게 답장이 옵니다. '거리를 좁히고 싶다'는 마음이 서로 통한 것입니다.

비즈니스용 서명에는 상대의 회사명, 부서, 직책, 때로는 상대방의 회사에서 취급하는 상품 소개 등도 더해져 있습니다. **이런 서명을 없애는 것만으로도 친근감이 생기고 좋은 인상을 주게 됩니다.** 이렇게 되면 얼굴을 마주하고 대화하는 기분이 들 뿐 아니라, 최소한 필요한 것만 써도 메시지가 전해지는 신뢰 관계가 생깁니다.

그러면 메일의 흐름이 원활해지고 들이는 수고와 시간도 줄어들게 됩니다.

의미가 있다면 루틴화해야 하지만 상대가 누구든 알고 지낸 지 오래된 사람이어도 같은 존칭을 계속 쓰는 것은 의미 있는 일이 아닙니다.

심지어 서명 부분이 본문보다 긴 메일도 있습니다.

무의식적으로 하고 있는 것일수록
시간이나 수고를 줄이는 일로 이어지는 것이 많습니다.

우선 메일함에서 송신이 완료된 메일을 확인해봅시다. 평소 어떤 메일을 보내고 있었나요? 분명 발견의 연속일 것입니다.

무의식적인 루틴이 상대와의 거리를 멀게 한다.

참조 메일에 특히
신경 쓰는 이유

'CC'가 많이 설정된 메일을 받으면 솔직히 마음이 무겁습니다.
 CC를 쓰는 것이 나쁘다는 이야기는 아닙니다. 그만큼 많은 사람이 관계되어 있기에 아무 이야기나 쓸 수 없고, 책임의 무거움을 느낄 수밖에 없기 때문입니다.

 일대일 메일이라면 상대에게 맞는 존칭이나 말씨가 바로 떠오르고, 비즈니스 메일이어도 때에 따라서는 가볍고 편한 톤으로 쓸 수 있습니다.
 하지만 CC가 설정된 메일은 담당자끼리의 주고받는 내용을 상사나 책임자에게 보고하는 경우가 많아서, 그것을 읽는 모든 사람이 이해하기 쉽고 실례되지 않도록 섬세한 주의가 필요합니다.

그래서 'CC가 붙은 메일'에는 더 많은 수고가 드는 게 보통입니다.

물론 그런 것에 전혀 개의치 않고 일대일로 주고받듯 CC 메일에 답변하는 사람도 있을 것입니다.

하지만 그런 사람은 상대방의 상사나 결정권을 가진 사람의 존재를 의식하고 있지 않는 것은 아닐까요?

한번 생각해보세요. 담당자급에서는 잘 진행된 안건을 적은 'CC 메일'에 별생각 없이 회신했다가 불편한 상황이 되었던 적이 없는지.

말하자면 CC에 포함된 사람에 대한 배려가 부족했다.

극단적으로 말하면, CC를 잊은 채 상대의 기분을 상하게 하고 경솔한 발언을 했거나, 자사(自社)의 뒷이야기 및 경쟁 회사의 소문과 클라이언트의 정보를 흘렸을지도 모릅니다.

'CC 설정 메일'에는 여러분이 생각하고 있는 것 이상으로 섬세한 주의와 배려가 필요합니다.

만일 일대일 메일에 필요한 배려가 1이라면, CC가 5명일 때는 5배

의 배려가 필요합니다.

저는 팀으로 일할 때도 CC는 2명까지로 정해놓고 있습니다.

관계된 사람이 많더라도 그 2명에게 다른 사람에게 전달해 달라는 메일을 씁니다.

CC가 붙은 메일을 받았을 때는 2명까지라면 모두의 풀네임을 회신 메일 서두에 쓰고, 본문 말미에 각각에 맞는 P.S.를 적습니다.

예를 들어, 김승현 씨라는 리더가 보내온 메일에 배은지 과장, 고주영 부장이 CC로 포함되어 있다면, 아래의 문장을 하나 붙입니다.

P.S.
김승현 리더님의 열정과 배은지 과장의 행동력,
고주영 부장의 결단력에 많은 도움을 받고 있습니다.

이것이 있고 없고에 따라, 메일을 받은 상대(3명)의 공감이나 협조의 레벨은 달라집니다.

여기까지가 'CC 메일'의 완성형이므로 꽤 복잡합니다.

그래서 가능한 한 본인이 먼저 CC 메일은 보내지 않도록 정해두는 것이 좋습니다.

  CC가 많으면 많을수록 생산성은 떨어진다고 생각하는 것이 현명합니다.

'CC 메일'에는 최선의 배려가 요구된다.

명확하게, 빠르게, 정감 있게

일 잘하는 사람의 메일을 보면 상대에 대한 배려가 있습니다. 다음의 세 가지입니다.

순서대로 이야기해볼까요.

첫째, 결론을 명확하게 전한다.

끝까지 읽어야 취지를 알 수 있는 메일은 공사다망한 비즈니스업계 사람에게 틀림없이 미움받습니다.

제목에는 '핵심'을, 메일 서두에는 '개요'를 간단하게 전달합시다.

그리고 상담인지 의뢰인지 아니면 연락인지, 회신의 필요 여부도 확실하게, 상대가 메일을 받고 바로 처리해야 하는지 나중에 해도 되는지, 판단에 필요한 요소를 재빨리 제시합니다.

답신도 마찬가지입니다. 예스인지 노인지가 필요하다면 확실하게 밝힙니다. 노인 경우, 이유를 줄줄이 늘어놓고 싶겠지만 변명으로 보이기 때문에 삼가는 게 좋습니다. 처음에 결론을 명확하게 밝히는 것이 상대를 배려하는 기본 매너입니다.

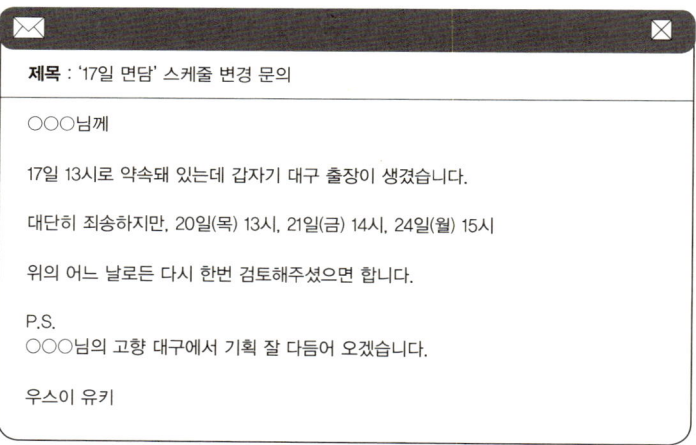

둘째, 반응은 빨리한다.

앞서 중요한 메일 회신은 하룻밤 묵히는 것도 좋다고 했지만

'잘 받았습니다' 정도의 반응은 빨리 보이는 게 좋습니다.

그러지 않으면 상대는 불안해져서 다음 행동으로 나아가지 못합니다.

예를 들어, 의뢰나 상담 메일을 받았을 때 '의뢰 건, 잘 받았습니다. 회신은 내일 안에 드리겠습니다. 미리 양해 부탁드립니다'와 같은 메일을 먼저 한 통 보냅니다.

이런 메일을 보내느냐, 보내지 않느냐에 따라 당신의 호감도는 크게 달라집니다.

셋째, 아날로그 툴을 겸용한다.

아날로그라는 것은 직접 대화하는 것을 말합니다. 메일로는 전해지지 않는 미묘한 뉘앙스도 만나서 이야기하면 확실히 전해집니다. 물론 전화도 상관없습니다.

메일에 의한 관계는 무미건조해지기 마련이지만, 아무리 비즈니스라 해도 상대방은 마음을 가진 인간입니다.

'뻣뻣한 메일을 보내오던 사람을 만나보니 친해지기 쉬운 사람이었다.'

'메일로 깐깐한 요구를 쏟아냈던 상대와 전화로 교섭했더니, 잘 풀렸다.'

등등의 사례는 비즈니스 현장에서 드문 일이 아닙니다. 메일에 의지하기 쉬운 오늘날이지만 면담이나 전화 등의 아날로그 툴을 겸해서 활용하는 것도 잊어서는 안 됩니다.

> 일 잘하는 사람은 상대 기분이나 상황을 곰곰히 생각해
> 한발 앞서는 답을 한다.

이것이 메일 달인의 사고방식이고 일하는 방식입니다.
결과적으로 단시간에 커뮤니케이션이 될 뿐 아니라, 풍부한 인간관계도 구축됩니다.

상대에 대한 배려가 시간 단축의 첫걸음.

목적과 성과가 있는
SNS 관리

저는 블로그로 시작해서 사소한 일상을 이야기하는 페이스북까지 SNS를 적극적으로 이용해왔습니다.

페이스북에서는 저작, 강연, 경영 컨설턴트와 관계된 것은 '우스이 유키' 공식 페이지로, '또 한 명의 우스이 유키'라는 페이지에는 음악 활동에 관련된 것과 '아타미 시 관광 홍보대사'로서 아타미 시(일본 최대의 온천·관광 도시-옮긴이)를 PR하는 내용을 올립니다.

또한 이전에는 신간을 낼 때마다 'PR의 일환'으로 출간 약 2개월 전부터 '페이스북 페이지'를 만들고, 기획 결정까지의 뒷

이야기나 추천 대목 등의 흥미를 끌 만한 글을 계속 올렸습니다. 홈페이지나 메일매거진보다 시기적절하게 정보를 전달해온 것이지요.

불특정 다수를 위한 SNS지만 가볍게 코멘트를 달 수 있고, 팬이 늘어나면 저작이나 강연 등 업무에도 좋은 영향이 있다고 생각하기 시작한 게 10년도 더 전의 일입니다.

확실히 지속적으로 호의적인 멘트를 다는 분이나 신간을 읽은 감상을 자신의 페이스북에 올려주는 분, SNS에 글이 뜸해지면 '어디 안 좋으신가요?'라고 안부를 묻는 분……. SNS를 통해서 교류가 깊어졌습니다.

한번은 이런 일도 있었습니다.

대규모 회장에서 '신간 출간 기념 강연회'가 급하게 잡혀 단시간에 참가자를 모아야 했을 때 SNS로 공지했습니다.

공지한 글의 공유를 부탁했고, 공유해준 분의 글이 다시 공유되어 어떻게든 회장을 가득 채울 수 있었습니다.

이때만큼 SNS의 저력을 크게 느꼈던 적이 없습니다.

제가 SNS를 하고 있는 것은 저자, 강연가, 경영 컨설턴트로서 더 많은 사람에게 저를 알리고 싶기 때문입니다.

이미 저를 아는 분과는 가끔씩 올리는 개인적인 이야기를 통해 친밀감을 느끼고 팬이 돼주면 좋겠다고 생각하고 있습니다.

일의 PR과 팬 만들기라는 목적이 있기 때문입니다.

그래서 비난적인 코멘트나 근거 없는 비방이 있더라도 저에 대한 관심이라 생각하고, 지금까지 계속해왔습니다. 명확한 목적이 있기 때문에 SNS에 매일 글을 올리는 것입니다.

하지만 그런 저도 원고 마감이나 일의 납품이 급박할 때는 '오늘은 SNS 하지 말자'라고 생각하고 '하루 안 해도 아무 지장도 없어'라고 생각합니다.

피로가 누적돼 힘들 때는 '목적이 있어서 매일 SNS를 하지만 그건 자기만족이 아닐까?'라는 의문을 넘어 허무함을 느끼기도 합니다.

어떤 이유나 목적이 없이 SNS를 하고, 그로 인해 친구가 생기고, 코멘트나 메시지가 늘고, 그 답변이나 게시물 등으로 고민한다면 당장 그만두지 않겠습니까?

그런 일로 시달리는 시간에 기획서나 보고서 작성, 클라이언트에 감사 편지나 전화 등 할 일을 합시다. 저처럼 목적을 갖고 SNS를 하는 분이라도 '결과'가 나오고 있는지 분석해봅시다.

목적 없는 일을 계속하는 것만큼 어리석은 것은 없고, 결과가 나오지 않을 가능성이 높은 일을 계속할 정도로 우리는 한가하지 않습니다.

당신이 SNS를 계속하는 목적은? 그 성과는?

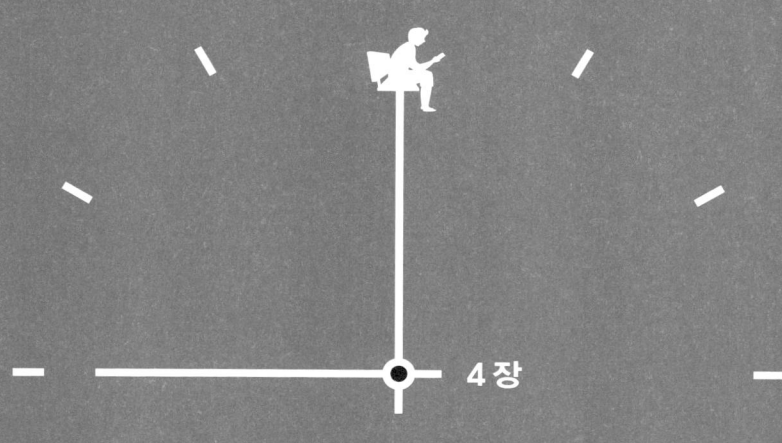

4장

일주일은 금요일부터 시작하라

**목표를 달성하는 사람의
일정 짜는 법**

일주일은
3일밖에 없다

여러분에게 일주일의 시작은 무슨 요일인가요?

일요일?

아니면 월요일?

달력에는 일요일이 가장 앞쪽에 있습니다. 하지만 학교나 회사는 보통 월요일에 시작해 금요일 혹은 토요일에 끝나기 때문에, 월요일을 일주일의 시작으로 생각하는 사람이 많지 않은가요?

저는 다르게 생각합니다.

일주일은 금요일부터 시작한다.

일반적으로 '어? 금요일은 오히려 주말 아니야?'라고 생각하겠지만 제 일주일은 금요일에 시작됩니다.

왜 이런 생각을 갖고 있는가 하면, 물론 시간 밀도를 높이기 위해서입니다. 이렇게 생각함으로써 효율 높고 생기 있는 충실한 일주일을 보내게 됩니다.

거짓말이라고 생각하는 분도 지금부터 이야기하는 일주일 사용법을 보면 그 의미를 이해할 수 있을 것입니다. 이름 붙여 PDCA(Plan=계획 Do=실행 Check=평가 Action=개선) 반복법입니다.

우선 일주일에 '며칠 일할 수 있는가' 생각해봅니다. 토요일과 일요일을 휴일로 하면 일할 수 있는 날은 5일. 보통은 이렇게 생각합니다.

하지만 저는 그 점부터 다릅니다.

일주일은 월요일부터 수요일까지 3일밖에 없다.

이렇게 생각하고 3일 안에 모든 일을 끝내도록 합니다. 이유는 '일주일은 5일이다'라고 생각하면 그 주의 일정을 짤 때 해야 할 일을 5로 나누기 때문입니다.

'5일로 나누면 안 되는 건가?'란 생각이 들겠지만 안 됩니다. 그런 사고방식으로는 그 주에 해야 할 일에 쫓겨 한 주가 끝나 버립니다. 눈앞의 당장 급한 일밖에 보지 못하게 됩니다. 업무에 치이고 시간에 쫓기는 나날이 돼버리고 맙니다.

그래서 저는 그 주에 해야 할 업무는 월요일부터 수요일까지 3일 안에 끝내도록 하고 있습니다. 그동안에 회수율이 높은 일을 우선적으로 합니다.

'회수율이 높은 일'이란, 중요하고 마감이 정해졌고
들인 시간에 대한 대가가 단기간에 돌아오는 일입니다.

스케줄을 짜기 위해 일의 우선순위를 정할 때는 먼저 회수율을 가늠해 순위를 매깁니다.

일에 우선순위를 정하는 방식에는 여러 가지가 있지만 중요도만으로는 정의가 모호하고, 무엇을 먼저 해야 할지 망설여질 때가 있습니다. 물론 회수율을 돈으로만 계산하는 것은 아닙니다. 자신(회사)에게 도움되는 것, 공부가 되는 것, 중요 인물을 만나는 것 같은 일은 회수율이 높다고 판단합니다.

이렇게 월·화·수요일에 해야 할 일을 대부분 하면 비용 대비 효과가 높은 것을 끝낼 수 있게 됩니다.

다음은 목요일 사용법입니다. 목요일은 가능하면 월요일부터 수요일까지 했던 일의 상황이나 문제점을 체크하는 날로 정합니다. 예정대로 되지 않았다면 무엇이 원인인지 체크해둡니다.

이 '실행 → 검증'을 철저히 하면 문제 발생을 예방할 수 있을 뿐 아니라, 일의 마감을 앞당길 수도 있습니다.

저는 이렇게 월요일부터 목요일까지 4일을 지금 해야 할 업무의 실행과 검증의 날로 잡고 있습니다. 다르게 말하자면 꼭 해야 할 일을 확실히 처리하는 날, 즉 '방어의 날'입니다.

한편, 금요일은 '공격의 날'입니다.

금요일이 되면 다음 주 업무에 필요한 자료 준비나 약속을 확인합니다. 이렇게 하면 다음 주 월요일부터 '할 일은 확실히, 준비도 확실히' 갖춰진 상태가 되고 일주일 전체의 시간 밀도가 높아집니다.

'금요일부터 일주일이 시작된다'라고 말한 이유는 이런 의미에서입니다.

그리고 금요일에는 한 가지 더 중요한 일을 합니다. 평소에는 바빠서 오래 고민하지 못했던 것, 예를 들어 판매 전략 설계나 마케팅같이 중장기적 미래에 관해 생각하는 것입니다.

금요일 사용법은 다음 주뿐만이 아니라 장기적인 업무 생활에 커다란 영향을 가져옵니다.

'정신없이 일했더니 벌써 금요일. 이번 주도 빠르네.'

그 주에 해야 할 일에만 정신 팔려 있으면, 어느새 일주일이 가버립니다. 매주 이런 상태가 계속되면 눈앞의 일에만 쫓기다 미래가 보이지 않게 됩니다. 미래가 보이지 않으면 '대체 난 뭘 하고 있는 거지'라는 불안함이 찾아오고 그런 상황이 지속되면 일도 재미없어집니다.

그렇게 되지 않기 위해서라도 일주일에 하루는 반드시 미래를 위해 시간을 투자할 필요가 있습니다. 앞으로 옳은 방향으로 가기 위해 스텝업을 위한 날을 확보해둡시다.

앞서 '바쁠 때 공부하면 마음에 여유가 생긴다'고 했는데 이유는 같습니다. 아무리 바쁘더라도 미래를 생각하는 시간을 확보해두는 것이 장기적으로 일도 인생도 잘 풀리는 비결입니다.

금요일에는 미래를 생각한다. 다음 주를 대비한다.
월·화·수요일에 해야 할 일을 끝내고 목요일에 검증과 반성을 한다.

일주일의 리듬을 이렇게 만들면 아무리 그 주가 바쁘더라도 동기부여는 줄어들지 않습니다. 확실히 미래를 향해 한 걸음, 한 걸음 나아가고 있다는 것을 느낄 수 있고, 한 주의 방향키를 쥐고 있다는 것을 실감할 수 있기 때문입니다.

미래가 보일 때, 사람은 아무리 힘들어도 현재 상황을 뛰어넘을 수 있습니다.

주말은 "휴" 한숨 돌리는 날이 아니라
나사를 다시 죄는 날이다.

나만의 마감일을 정한다

예전에는 15일만 되면 위가 아파왔습니다. 잡지에 연재하는 글이 있었는데 마감이 15일이었기 때문입니다.

원고 매수는 10매로 연재가 시작된 지 10년, 끝난 지 5년이 지났어도 15일은 제게 마감일로 각인돼 있습니다. 아직도 이 날이 다가오면 가슴이 두근거립니다.

마감일에 원고를 보내지 않으면 편집자에게 재촉 전화가 옵니다. 원고가 펑크 나면 많은 사람에게 피해를 끼치게 되죠. 그런데 마감 전날이 되도록 쓰지 못하다가, 결국 마감일이 와버립니다. 급하게 편집자가 원고를 받으러 오거나 전화를 걸어

오기도 하지만 좀처럼 원고에는 손대지 못하고 시간만 흐릅니다…….

시간 이야기가 나와서 하는 말이지만 그때마다 '시간에 쫓기는 사람이 되지 마라'라는 이야기를 들었습니다. 하지만 무슨 일이든 마감이 코앞에 닥쳐 식은땀 날 정도로 시간에 쫓기는 경험은 누구에게든 있을 것입니다.

마감을 지키지 못하면 그것만으로도 큰일이지만, **시간에 쫓기면 평소에 하지 않던 실수도 저지르게 되게 됩니다.**

예를 들면, 너무 서두른 나머지 조바심이 생겨 평소라면 어려움 없이 하던 일도 잘되지 않거나 문제를 일으킵니다. 이럴 때는 점점 초조해지고 수렁에 빠지게 됩니다.

언젠가 거래처에서 상품을 월말까지 납품해달라고 요청했는데 납기일에 맞출 수 없게 되었습니다. 서둘러 납품하려 하니 '거래처가 틀렸다' '수량이 틀렸다' '청구 금액이 틀렸다' 같은, 평소라면 하지 않는 초보적인 실수를 저지른 것입니다.

제 경험 중에, 어떻게든 납기일에 상품을 납품할 수 있었지만 전혀 다른 주거래처의 납품서를 첨부해버려서 다른 주거래처의 이름과 가격을 노출시킨…… 적이 있습니다.

평소라면 절대 생각도 못 할 실수를 저질러서 납기일에 맞추지 못한 것도 모자라, 그보다 더한 실수를 범하고 만 것이죠. 조급함이 더 나쁜 상황을 만듭니다.

이런 식의 '시간에 쫓긴다' '마감에 쫓긴다' '그로 인해 2차 피해가 발생한다'와 같은 일을 예방할 수 있는 방법은 과연 있을까요?

저도 매일 연구하고 있고 특효약이라 할 만한 것은 없지만 가능한 한 실천하고 있는 두 가지 포인트가 있습니다.

우선 한 가지는 '스스로 마감을 정한다'입니다.

연재했던 원고의 경우 15일이 마감일이었지만 이는 상대가 정해놓은 것입니다. 하지만 사람은 타인이 정한 것보다 자신이 설정한 기한이나 문제에 더 민감하게 반응하는 성향이 있습니다. 타인이 정한 기한과 자신이 정한 것 사이에는 의식이나 행동 면에서 큰 차이가 발생합니다.

그래서 저는 일을 의뢰받으면 마감일과는 따로 나름의 기한을 정해둡니다.

또 하나의 포인트는 '기한보다 앞당긴 마감일을 설정해 선언한다'입니다.

상대가 말한 마감일보다 2~3일 빠른 기한을 목표로 움직입니다. 그리고 상대에게 '마감은 ○○일까지지만 △△일에는 납품할 수 있습니다'라고 자신이 정한 기한을 선언합니다.

특히 어렵거나 귀찮아서 자꾸 미루기 쉬운 일인 경우에는 마감에 맞춰 진행하려고 해도, 피하고 싶고 도망가고 싶은 기분이 들끓어서 생각대로 진행되지 않습니다.

그 때문에 다루기 어려운 일, 아니면 처음 도전하는 분야의 일인 경우, 기한을 많이 앞당겨 정하고 그 내용을 상대에게 알리고 있습니다.

마감을 스스로 앞당기면 '마감이나 시간에 쫓기는 처지'에서 '마감과 시간을 지배하는 위치'로 바뀌기 때문에 정신적으로도 능동적인 상태를 유지할 수 있습니다.

게다가 스스로 기한을 짧게 잡음으로써, 집중력이 높아지고 능률적으로 업무를 처리할 수 있게 됩니다.

타인에게 쫓길 정도라면 스스로 자신을 몰아붙인다.

공사 스케줄은
하나로 정리한다

스케줄 관리라고 하면 예전에는 '종이 수첩' 한 가지였지만 스마트폰과 컴퓨터의 보급으로 지금은 '전자기기'로 관리하는 사람도 늘고 있습니다.

한 설문조사에 따르면 '종이파'는 60퍼센트가 넘고 '전자기기만 사용'은 20퍼센트 이하였습니다. 여전히 '종이'가 우세인 듯싶지만 업무 일정은 종이로, 사적인 것은 스마트폰으로 같이 쓰는 사람도 있을 것입니다.

하지만 그것이야말로 '시간 도둑'이라고 생각합니다.

회사를 경영하면서 국가자격 공부를 하던 무렵, 절감했던 것이 있습니다.

첫째, 스케줄 관리는 반드시 하나로 집약시켜야 합니다.
'업무 스케줄' '공부 스케줄' '개인 스케줄'.
이것들을 별개의 항목으로 만들어 각각의 일정을 잡고 여러 수첩에 써놓거나, 업무는 종이 수첩에 개인적인 것은 스마트폰에 적는 사람도 있습니다.
옆에서 보면 언뜻 시간 관리를 확실히 하는 듯해도 사실 그중 대부분이 들인 노력에 비해 시간을 유용하게 쓰고 있지 못합니다.
이런 사람 중 상당수가 수첩을 항상 갖고 다니는 데다 디지털기기를 같이 씁니다. 결국 스케줄 짜는 것 자체가 일이 돼버려 시간을 뺏기게 되죠.
스케줄은 하나로 정리해두는 것이 어떻게든 잘 굴러갑니다.
간단히 말하겠습니다. 만약 스케줄 수첩이 두 개 있으면 그중 하나는 거의 보지 않게 됩니다.
업무 스케줄은 매일 체크하지만 개인 스케줄은 가끔 보는 것만으로는 잘 조율할 수 없습니다. 업무와 개인적인 일의 조율을 무시하고 계획을 세우는 것도 무모한 생각입니다.

그래서 저는 스케줄 관리는 수첩 하나에 모아 정리하고 있습니다.

월간 스케줄 페이지에 업무 스케줄과 접대나 미팅 스케줄은 물론 취미나 여행 계획도 써놓습니다.

바쁜 와중에 시간을 조율하기 위해서는 모든 스케줄을 파악해둬야 합니다. 그래서 스케줄은 하나로 정리해둘 필요가 있습니다.

보고 한 번에 스케줄을 파악할 수 있는 것이 중요합니다.

또한 자주 보게 되는 것이 '스케줄 수첩에는 누군가와 함께 하는 업무만 써놓는' 사람, 즉 혼자 하는 업무는 굳이 기입하지 않는 사람입니다. 하지만 이렇게 하면 전체를 파악하기가 어렵습니다.

둘째, 최대한 자신 혼자서 하는 업무도 기입해주세요.

저는 이것을 '나와의 약속'이라 부릅니다.

셋째, 스케줄은 80퍼센트 정도로 느슨하게 잡도록 합니다.

어떤 사람은 세세하게 구체적으로 스케줄을 잡는 것을 좋아하기도 합니다. 하지만 너무 촘촘하게 채워서 세운 계획은 일이 예상대로 되지 않았을 때, 계획과 현실 사이의 괴리감으로 좌절하기 쉽습니다.

'열심히 하면 여기까지 할 수 있어'가 아니라 '확실히 할 수 있는 것은 여기까지다'로 계획하고 확실히 달성하도록 합니다. 이렇게 하는 것이 탄력이 붙어 기분과 시간 효율도 좋아집니다.

넷째, 또한 일의 전반적인 흐름을 정기적으로 점검합니다.

지금까지의 일을 정리하고 진행 상황을 체크하거나, 미완결된 안건은 어떻게 처리하면 좋을지 파악합니다.

계획대로 진척되지 않은 데는 뭔가 원인이 있을 것입니다. 원인을 찾고 분석해서 바로 손쓰는 것이 좋습니다. 혼자서 할 수 있는 일 중에 중요도가 높은 것부터 우선적으로 처리해나갑니다.

이렇게 상황 점검을 위한 시간을 미리 군데군데 계획으로 넣어놓습니다. 매주 목요일에 가능한 한 그렇게 하고 있지만, 매달 말일도 조정일로 해서 그 달의 업무를 대략 돌아보는 시간을 갖도록 합니다.

혼자서 여러 역할을 해야 하면 스케줄은 하나로 정리한다.

한 달 일정은
이렇게 짠다

중장기 일정을 관리할 때 꼭 있어야 할 아이템이 수첩이나 스케줄러입니다. IT 전성기인 지금은 컴퓨터나 스마트폰으로 스케줄을 관리하는 사람도 늘고 있지만, 앞서 이야기했듯 아직도 종이 수첩은 압도적으로 많이 사용되고 있습니다.

수첩은 저렴한 것이라면 3천 원 정도로도 살 수 있고, 고가일 경우 5만 원 이상까지 가격이 천차만별이지만 기본적으로 남에게 보여주기 위해 존재하는 것이 아니기 때문에 사용하기 편리한 쪽을 고르는 것이 베스트입니다. 제가 애용하는 것은 작고 얇으며 월 단위 펼침면 형식의 스케줄 수첩입니다.

여기서 저만의 수첩 사용법을 소개하겠습니다.

첫째, 연필·볼펜·굵은 사인펜은 구별해 사용한다.

확정되지 않은 스케줄이나 바로 결과가 나오는 것들은 나중에 지울 수 있게 메모 정도의 느낌으로 연필로 씁니다. 결정된 사항은 검정 볼펜으로, 중요한 것은 굵은 사인펜으로 구별해서 쓰면 우선순위가 한눈에 들어옵니다.

둘째, 자신이 알아볼 수 있는 마크를 사용한다.

가령 다음 주 회의에서 참고문헌A의 30쪽을 인용할 거라면 'A30참조'라고 써놓습니다. 또는 예정대로 일이 진행됐다면 ◎, 아니라면 ×로 체크 마크를 합니다. 이렇게 하면 작은 수첩이라도 중요한 정보를 확실히 써넣을 수 있습니다.

남에게 보여줄 필요가 없기 때문에 마크는 자신이 알아볼 수 있는 것이라면 뭐든 상관없습니다. 심플한 마크를 잘 쓰게 되면, 메모하거나 일정을 적는 시간을 단축할 수 있습니다.

셋째, 포스트잇을 사용한다.

수첩에 다 쓰지 못한 정보는 큰 사이즈의 포스트잇에 적어서 수첩에 붙입니다.

'18시에 강남 A카페에서 B씨와 만난다'의 경우, 월간 스케줄에는 18시라고만 쓰고 '강, A카, B씨'라고 포스트잇에 메모해서 붙입니다. 이렇게 하면 스케줄이 변동됐을 때도 포스트잇을 한 장 덧붙여 변경할 수 있기 때문에 편리합니다.

또한 저는 지하철의 광고나 주간지를 읽다 기억해두고 싶은 단어가 눈에 띄면 재빨리 포스트잇에 적어 수첩에 붙여둡니다.

포스트잇의 활용법은 정말 폭이 넓습니다.

넷째, 동기부여를 높이는 궁리를 한다.

스케줄 수첩은 한결같이 예정만 적으면 재미없는 달력이 되기 쉽지만, 조금만 수고를 더하면 목표를 향한 열정을 불러일으켜 주기도 합니다.

저의 경우 '○월 ○일 피부 관리' '△월 △일 손톱 관리' 등과 같이 자신에 대한 일종의 선물도 써놓습니다. 이렇게 하면 가령 그 앞의 3일이 힘든 스케줄이라 해도 '이 3일을 잘 넘기면'이란 기분이 됩니다.

또한 월 단위 펼침면 형식의 스케줄 수첩에는 반드시라 해도 무방할 정도로, 맨 앞 혹은 뒤에 여백이 있습니다. 여기에 자신의 다짐을 적어놓습니다.

'처음이 중요해! 힘내자!'

수요일	목요일	금요일	토요일
다 쓰지 못한 내용은 포스트잇에 써서 붙인다	**1** (조) 서적 기획안 8:30 전월 매출 확인 9:30 판촉 회의 14~ N사 상담 15:20 칼럼 쓰기 16 강연 준비	**2** (조) 캠페인 기안 만들기 10~ 다음 주 약속 확인 11~ 광고 확인 14 취재 확인	**3** (조) 블로그 소재 찾기 12 서점 산책 15 고객 소개 ♥ PM8~ 이탈리안
7 [점포 리뉴얼] 13 취재(STV) 16 잡지 회의	**8** 9, 10, 12 납품 업체 선정 14:30 은행 15 X사 상담	**9** 9 달성률 확인 11 아이디어 찾기 13:30 레이아웃 시안 17 출장 확인	**10** (전) 서점 순회 ♥ PM6~ 헬스장, 온천
14 (도) 9 K사 상담	**15** 10 사보 확인 13~ 취재(KTV)	**16** 13 레이아웃 확인 14~ 다음 주 판매 계획 확인	**17** (전) 전시회 ♥ PM9~ 파티
21 (야) (하) 8:30 (도) 8:30~5:30 150명 A호텔 들뜨지 마!	**22** [강연회] (하) 13:30~ 사진 촬영 (야)	**23** (전) OFF 15~ 업무 모드 돌입	**24** (전) 연재 블로그 확인 ♥ PM4~ 지압·마사지
28 9, 10, 11 내년 여름 상품 라인업 13, 14 판매 시작	**29** 홍콩에서 손님(3명) 11:30~ 수출 상품 확인 15~ 도쿄 안내	**30** 10~ 다음 주 일정 확인 14~ 매출 목표 확인 17~ 세미나 준비	오늘 할 수 있는 일은 내일로 미루지 마! 꾀병 부리지 마!

- 미소의 중요성
- 좋은 옷 한 벌 갖기

금요일에는 다음 주 준비나 장기적 시점에서 세운 계획을 써넣는다

공백에는 자신을 고무시킬 문장을 써넣는다

4장 일주일은 금요일부터 시작하라

누군가가 본다면 부끄럽겠지만 본래 남에게 보여주는 것이 아니기 때문에 아무렇지 않습니다.

이왕 매일 들고 다닐 거라면 120퍼센트 활용하도록 합시다.

**매일 사용하는 수첩이기에
더더욱 디자인보다 기능을 중시한다.**

작심삼일을 격퇴하는
목표 선언법

아무리 확실하고 꼼꼼히 세운 스케줄이라고 해도 실천하지 않으면 탁상공론, 단지 달력 놀음에 불과합니다. 그리고 스케줄대로 되지 않는 최대의 이유는 바로 자신에게 있습니다.

'다음 달까지 신규 사업 계획을 생각한다.'

'이제부터 매 주말, 공부 모임에 참석한다.'

'올해는 기필코 다이어트로 5킬로그램 감량을 달성한다.'

이렇게 결심하고 스케줄러에 적어놓는 건 누구나 할 수 있습니다. 하지만 며칠이 지나 급다운돼서 결국 '아, 이런 것도 생각했었지'로 끝나고 마는 사람도 많지 않은가요? 이른바 '작심삼일'입니다.

작심삼일은 오래전부터 인류의 적으로 이를 퇴치하기 위한 방법은 많이 고안돼왔습니다.

- 목표는 기한을 정해 '무엇을' '어디까지'를 명확히 한다.
- 종이에 써서 눈에 보이는 곳에 붙인다. 붙인 종이는 그대로 두지 않고, 1개월에 한 번 정도 주기로 바꿔 붙이고 더 의욕을 높인다.
- 벽에 써 붙인 목표를 큰 소리로 기합을 넣어가며 하루에 몇 번이고 읽는다.
- 목표는 수시로 보게 되는 수첩이나 바인더 등에 써둔다.

이런 방법은 많이들 아는 이야기입니다. 하지만 이걸로 해결될 거라면 고생하지 않겠죠.

그도 그럴 것이, 자신에게 웬만큼 엄격하지 않거나 자신을 아주 잘 다스릴 수 있는 사람이 아니면, 앞서 말한 것들을 실행하기 어렵습니다.

그렇다면 자신에게 엄격하지 못한 사람은 작심삼일을 물리치지 못하는 걸까요. 그렇지 않습니다. 조력자의 힘을 빌려 함께 물리치면 됩니다.

방법을 이야기하자면 주변 사람에게 자신의 목표를 선언하는 것입니다. 질타와 격려를 오가며 의욕을 일으키는 사람이 베스트입니다. 예를 들어 동료나 친구가 생각날 것입니다.

자녀가 있다면 아이에게 목표를 선언합시다. 아이에게 약속한 것을 지키지 못하면 "아빠(엄마)는 거짓말쟁이"라며 싸늘해져서 부모로서의 체면은 통째 무너집니다.

그래도 게으른 습관이 걱정이라면 여러분이 실패할 때 가장 호되게 화를 내줄 사람에게 선언하는 것을 권합니다. 존경하는 사람이나 업계의 톱에 있는 사람에게 목표를 선언해보세요.

좋은 의미에서 자신을 몰아붙이고 행동할 수밖에 없는 상황을 만든다.

제가 단기간에 자격증 시험에 합격할 수 있던 것도 '거물'인 분에게 선언했기 때문입니다. 변호사협회에서 인정받는 회사의 고문변호사에게 이렇게 선언했습니다.

"공인중개사와 행정사에 단번에 합격해 보이겠습니다. 합격하면 뭔가 선물 부탁드립니다."

그리고 그분 수첩에 제 선언을 굳이 써달라고 부탁했습니다. 이렇게까지 거창하게 선언한 이상 더더욱 물러날 수는 없었습니다. 그리하여 앞뒤 가리지 않고 공부해 무사히 한 번에 합격했습니다.

그러고 보니 사토 도미오 선생도 제게 '거물'이었습니다. 사토 선생은, 의학·이학·농학 세 개의 박사 학위를 가진 슈퍼맨으로, 비즈니스 서적도 베스트셀러를 몇 권이나 출간한 분입니다. 경영자로서 아직 초보였던 저는 그런 동경의 대상을 향해 선언했습니다.

"저도 책을 쓰겠습니다. 언젠가 선생님이 책을 내신 출판사에서 책을 내겠습니다."

이후 사토 선생과 같은 출판사에서 실제로 책을 낼 수 있었고, 매우 감개무량한 일이었습니다. 이후, 그분 따님의 결혼식에서 '그날 선언, 기억하세요?'라 물으니, '기억합니다'라고 말해주었습니다. 이렇게 거물의 힘을 빌리면서 작심삼일을 떨쳐냈고, 지금까지 계획대로 해야할 일을 계속할 수 있었습니다.

거물을 찾자. 할 수 있는지 없는지는 제쳐두고 일단 선언하자!

시간 밀도를 높이는
3색 펜 활용

'사전 준비가 실전의 시간 밀도를 높여준다'고 앞서 이야기했습니다. 이는 스케줄에도 해당하는 이야기입니다. 내년이 충실한 해가 되려면, 다음 달이 충실한 달이 되려면, 다음 주가 충실한 주가 되려면 각각의 스케줄을 미리 생각해 계획적으로 행동할 필요가 있습니다.

마찬가지로 내일을 시간 밀도가 높은 충실한 하루로 만들기 위해서는, 내일의 스케줄인 일정을 세워야 합니다. 누구와 언제 만나는지, 어떤 일을 어떤 타이밍에 해야 하는지, 내일의 일정이 정해져 있지 않으면 당일에 시간을 유용하게 쓰고 싶어도 힘이 듭니다.

퇴근 무렵이 되면 머릿속 전원을 꺼버리는 게 아니라, 마지막으로 내일 일정을 짜보는 고민이 내일의 시간 부자와 시간 빈곤자의 차이를 만들어냅니다.

"내일 일정 정도라면 대충 생각하고 있어요"라고 말하는 사람도 많겠지만 시간 부자가 목표라면 '대충'이 아닌 '확실히' 생각하고, 시간 밀도가 높은 내일을 궁리합시다.

여기서 제가 실천하고 있는 방법을 소개하겠습니다.

우선 내일 해야 할 일을 전부 종이에 써놓습니다. 누군가와 만난다거나 회의를 한다거나, 상대나 시간이 정해진 것뿐 아니라, 방금 말한 '나와의 약속' 즉 혼자서 하는 일도 모두 적습니다.

예로, 제가 썼던 항목을 보여드리겠습니다.

① 강연회 주최자와 미팅
② 에이전시 담당자와 전화로 회의하기
③ 강연 참가자에 질문 카드 배부하기
④ 출장 티켓 구하기
⑤ ATM으로 현금 인출하기
⑥ 내일 회의 준비와 자료 작성하기
⑦ 잡지의 연재 원고 체크하기

⑧ 주거래처에 보낼 선물 마련하기

⑨ 자기계발을 위해 도서 구입하기

⑩ 9월 매출 목표를 세우고 자료 작성하기

생각나는 대로 다 적었으면, 이제 3색의 펜으로 분류합니다.

- 빨강 : 우선순위가 높은 것(상대와 시간이 정해진 용건, 급한 용건)
- 파랑 : 우선순위가 낮은 것(딱히 급하지 않은 것, 혼자서도 할 수 있는 것)
- 초록 : 빈 시간에 할 수 있는 것

①, ②, ③은 상대가 있는 일이고 상대에게 맞추는 시간 설정이 되기 때문에 빨강.

⑥, ⑦, ⑧, ⑩은 혼자 할 수 있거나 혹은 천천히 느긋하게 하는 업무이기 때문에 파랑.

④, ⑤, ⑨는 바로 할 수 있고 언제든 할 수 있는 일이기 때문에 초록.

이렇게 3색으로 분류하면 내일 해야 할 일의 우선순위나 하루의 흐름 그리고 자신이 놓인 상황 등이 한눈에 들어옵니다.

그리고 내일 일정표에는 '빨강'을 먼저 적습니다. 빨강인 업무는 시간이 이미 정해진 일이 대부분이기 때문입니다. 그리고 남은 시간에 '파랑'인 업무를 채워넣습니다.

'초록'은 딱히 적지 않아도 괜찮습니다. 일련의 리스트를 만들어놓고 빈 시간에 하나둘 하는 것만으로 충분합니다. 파랑과 빨강의 일정을 적을 때 조금씩 여유를 두면, 빈 시간은 반드시 생겨날 것입니다.

이렇게 내일 해야 할 일을 모두 적어서 색으로 분리하고 나니, 일의 진행이 매끄럽지 않아 두 번 수고하거나 일에 휘둘려 허비하는 시간이 크게 줄었습니다.

우선순위만 잘 정해도 시간 효율은 크게 바뀐다.

업무 스케줄은
뇌의 바이오리듬에 맞춘다

하루의 일정을 짤 때, 꼭 생각했으면 하는 게 있습니다.

뇌의 운동입니다.

뇌는 일정한 바이오리듬으로 움직입니다. **하루 중에도 뇌가 활성화되는 부위는 시간에 따라 달라집니다.**

이런 생리적 특성을 이해한 뒤 **그에 맞춰 스케줄을 생각하고 실행하면, 더 효율적으로 고퀄리티의 일을 할 수 있습니다.**

어느 하나 어려운 것은 없습니다.

한마디로 이야기하면, 오전·오후에 따라 맞고, 맞지 않는 일이 있다는 것. 단지 그뿐입니다.

오전은 뇌의 지적 사령탑이라 불리는 전두연합야의 기능이 높아지는 시간대입니다. 전두연합야란 사고하거나 계획하는 부분입니다.

이 부분이 활발해진다는 것은 **오전은 논리적 사고력이 필요한 일이나 정보를 처리하는 업무에 적합하다**는 이야기입니다.

한편 오후는 교감신경이 활발하게 활동하는 시간대입니다. 교감신경이란 외부 자극에 반응하는 신경입니다.

즉, 오후는 감정이 잘 작동하는 시간대이므로 회의나 커뮤니케이션이 필요한 일에 적합한 시간입니다.

하지만 사람은 살아 있는 생명체이기에 항상 이런 패턴으로 간다고 단정할 수는 없습니다. 몸의 상태나 기분에 따라 도저히 머리가 돌아가지 않는 날도 있습니다.

뇌는 외부 환경이나 사람의 바이오리듬 파장의 영향을 받기 때문에, 언제나 일정한 기능을 유지할 수는 없다는 이야기입니다.

그럼에도 뇌의 일반적인 움직임을 알고 그를 이용해 일정을 짜는 것은, 자신의 퍼포먼스를 최대한으로 끌어내고 시간을 유용하게 사용하는 데 결코 쓸모없는 일은 아닙니다.

저는 이런 뇌의 기능을 고려해 하루의 일정을 짜도록 하고 있습니다.

구체적으로 전두연합야의 기능이 높아지는 오전에는 기획서 작성이나 판매 전략을 세우는 등의 업무를 배정하고, 교감신경이 활발해지는 오후에는 사람을 만나 이야기를 나누는 미팅을 중심으로 일정을 조정합니다.

뇌를 이해하면 업무 퍼포먼스가 더욱 좋아진다.

자기 전 시뮬레이션으로
다음 날 준비

내일의 업무 효율을 높이는 데 좋은 방법이 있습니다. 할 일의 시뮬레이션을 해보는 것입니다.

저는 자기 전에 다음 날 입을 옷, 가방, 액세서리 그리고 일에 필요한 서류 등을 미리 준비해둡니다. 그리고 날씨를 체크한 뒤, 그에 따라 이용할 교통수단이나 입을 옷을 바꾸거나 하는 생각을 합니다.

이런 준비와 체크에는 물건을 깜박 잊고 나가거나 지각을 피하는 것 외에도 하나의 목적이 더 있습니다.

옷장에서 옷을 꺼내거나 서류를 파일에 넣으면서, 머릿속으로 내일 할 일을 시뮬레이션하는 것입니다. 다음 날 만날 사람과 장소, 그때 주고받을 대화 등을 떠올리며 마음속으로 시뮬레이션합니다.

'어려운 고객과의 만남이라면, 위축되지 않도록 처음 건네는 말은 상대 눈을 보고 하고 어미를 흐리지 말자.'

'연배 있는 고객과의 만남이라면 느긋하게 말하자.'

머릿속에서 이미지화한 것을 소리내 말해보는 경우도 있습니다.

그리고 다음 날 잘 못하는 일이 예정돼 있다면 '나는 반드시 성공한다'라고 머릿속으로 되새깁니다.

단지 이것만으로도 자는 동안 '반드시 성공한다'라는 기분이 머릿속에 스며들어 잠재의식이 움직입니다.

그러면 아침에 일어났을 때 '이렇게 이야기하면 어떨까' '이렇게 행동하면 어떨까' 등 아이디어가 계속 떠오릅니다.

내일의 업무 준비를 시뮬레이션하는 것은 다음 날의 시간 밀도를 높이는 습관이 됩니다.

사전 준비만 한 타임 매니지먼트는 없다.

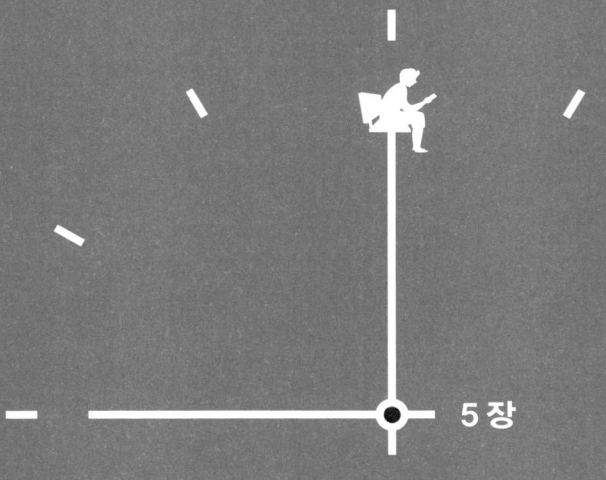

5장

생각은 15분 안에 끝내라

**일이 빠른 사람의
사고방식과 발상법**

클로즈드 퀘스천과
오픈 퀘스천

시간만 많이 걸렸을 뿐인데 그것만으로 '뭔가 이뤄냈다'는 만족감을 느꼈던 경험이 있나요?

우리는 종종 '시간의 착각'에 휘말리는 일이 있습니다. 그것은 단시간에 끝낸 일보다 시간을 오래 들여 끝마친 일이 더 뛰어나다고 느끼는 것입니다. 이는 만 원짜리 요리와 5만 원짜리 요리가 사실 같은 것임에도, 후자가 더 맛있게 느껴지는 것과 같은 감각일지 모르겠습니다.

물론 이것은 착각입니다. 그리고 시간을 많이 들이면 일의 질이 좋아진다는 것도 착각입니다.

실제로 적절한 시간에 끝마친 일이, 너무 많은 시간을 들여 마무리한 일보다 질이 더 높습니다.

들인 시간과 성과는 비례하지 않습니다.
설령 그것이 '생각하다'라는 중요한 작업이라 해도 말입니다.

저는 뭔가 생각할 때 시간은 15분으로 정해놓습니다. 아직 생각이 정리되지 않고 새로운 아이디어가 떠오르지 않더라도 15분 이상 생각하지 않습니다. 일할 때 매우 중요하게 생각하는 룰입니다.

15분은 뭔가에 집중해서 생각할 수 있는 딱 좋은 시간입니다. 그 이상 생각하면 집중력이 떨어지고 스트레스도 쌓이므로 좋은 결과가 나올 가능성이 적습니다. 즉, 시간 낭비가 됩니다.

그래서 생각은 15분만 하고 거기서 다음 단계로 넘어갑니다.

어떤 일이든 몇 시간이나 깊이 생각한 끝에 결정을 내리는 사람이 있습니다. 사람에 따라 다르겠지만 경영자로 일해온 15년간의 경험으로 말하자면, 시간 낭비로 끝나는 경우가 많았던 듯싶습니다.

오랜 시간 동안 깊이 생각하고 괴로워하고 애태우며 고민한

끝에 내놓은 결정에는, 당사자의 생각이 붙어 있습니다. 그리고 괴로움이 옮겨진 플랜이나 상품은 자칫하면 받아들이는 사람에게 무거운 짐이 됩니다. 오히려 끙끙 앓다 내린 결정보다 영감을 얻어 한순간에 내린 결정이 몇 배나 좋은 성과로 나오게 됩니다.

그래서 저는 원고를 쓸 때도 잘 풀리는 날은 술술 일필휘지로 쓰지만, 15분이 지나도 써지지 않을 때는 작업을 중단합니다.

본래 '잘 풀리는 날'과 '전혀 따라주지 않는 날'의 차이가 심한 타입이라, 원고의 테마가 정해졌더라도 안 되는 날은 안 됩니다. 몇 자루나 연필을 깎아가며 의욕을 태우는 것이 제게는 불가능합니다. 그렇게 하는 것이야말로 시간 낭비입니다.

그런데 '15분에 결정할 수 있으면 고생이 아니지. 안 되니까 긴 시간 들이는 거 아닌가?'라는 의견도 있을 것입니다. 충분히 이해가 가므로 제가 실천하고 있는 단시간 사고 기술, 단시간 결정 기술에 대해 소개하겠습니다.

준비할 것은 **'클로즈드' 퀘스천과 '오픈' 퀘스천 두 종류의 질문입니다.**

질문을 클로즈드에서 오픈 순으로 자기 자신에게 던지며 자문자답하는 간단한 방법입니다.

클로즈드 퀘스천이란 '당신은 이 기획을 하고 싶습니까?' '상품 개발을 위한 자금은 충분히 마련돼 있습니까?'와 같은 대답이 YES 아니면 NO 중 하나인 질문입니다.

오픈 퀘스천이란 '이 기획은 어떤 타깃을 노리고 있습니까?' '콘셉트는 무엇입니까?' '상품 개발을 위한 초기 비용은 얼마입니까?' '광고 선전 비용은 어느 정도입니까?' '운용자금은 어떻게 마련합니까?'와 같은 질문입니다. 이런 질문은 자신의 생각이나 가지고 있는 문제점에 대해 어느 정도 이해하고 있지 못하면 답할 수 없습니다.

뭔가를 생각하고 결단할 때는 먼저 클로즈드 퀘스천으로 자신에게 묻습니다. YES인지 NO인지 답이 바로 나오기 때문입니다. 그리고 만일 이 단계에서 망설인다면, 그만두는 편이 나을 것입니다. 무리해서 YES라 대답해도 다음 오픈 퀘스천에서 바로 말문이 막히기 때문입니다.

비즈니스 협상에서는 유능한 사람일수록 상대방에게 오픈 퀘스천을 연달아 묻습니다. 그런 상황을 상상하며 자신에게 오픈 퀘스천을 던져봅시다. 그렇게 하면 자신의 결정이 어느 정도인지, 실수는 없는지 이해될 것입니다. 오픈 퀘스천은 결정을 완벽히 하여 성공으로 이끄는 견인차 역할을 합니다.

프로세스는 다음과 같습니다.

① 클로즈드 퀘스천으로 YES인지 NO인지 바로 답한다.
② 15분을 리미트로 자신에게 오픈 퀘스천을 계속 던진다.

15분이 지난 후, 만약 답이 YES라면 오픈 퀘스천으로 드러난 문제점을 개선하기 위해 즉시 행동에 옮깁니다. 바로 행동하는 습관으로 해놓지 않으면, 기껏 고민한 15분의 효과는 반감되고 맙니다. 반대로 NO라면, 현 상황에서 결정해도 잘 될 확률은 현저히 낮다 판단하고 생각을 바꿔 다른 업무에 돌입하면 됩니다.

어려운 문제일수록 결정에 뜸을 들이고 나중으로 미루기 쉽습니다. 하지만 계속 마음에 개운치 않은 뭔가를 쌓아둔다면 절대 플러스되지 않습니다. 어려운 문제라 해도 YES인지 NO인지 단숨에 판단해서 왜 그렇게 결정했는지에 대해 논리적으로 자문자답해봅니다. 이쪽이 최선의 결정을 찾기 쉽고 그 후의 일 역시 순조로워집니다.

'결정은 15분 안에 한다'를 습관화하면 우유부단함을 고칠 수 있는 동시에 집중력도 높아집니다. 더불어 15분이라는 시간에 얼마나 많은 일을 할 수 있는지 알면 놀랄 것입니다.

의자에 앉아서 산고의 고통을 참아내듯 생각에 잠기는 것만이 결정은 아닙니다.

들인 시간에만 만족하는 것은
자신의 시간을 갉아먹는 것이 됩니다.

생각의 전환을 잘하는 것이 시간을 잘 쓰는 것이다.

일단 해버리는
행동력 갖기

어떤 일에든 타임 리미트란 것이 있습니다. 그렇기에 준비가 덜 되었더라도 자신이 없더라도, 일을 시작하지 않으면 안 되는 경우가 종종 있습니다.

그런데 완벽하게 준비돼 있지 않으면 일을 시작하지 못하거나 '일단 시작'이란 모드를 좋아하지 않는 사람도 많습니다. 이런저런 자료를 읽고 체크를 하고, 이 정도라면 실패하지 않는다고 자신을 납득시키지 못하면 움직이지 않는 사람입니다.

이런 사람들은 스스로를 '신중파'라 생각하는 듯싶지만 저는 그렇게 생각하지 않습니다. 이는 본인에게 할 의지가 약하다는 변명일 뿐이고, 단순한 우유부단에 지나지 않는다고 생각합니다.

진심으로 무언가를 이뤄내기 원하는 사람이라면 아직 준비가 다 갖춰지지 않았어도, 일단 시작해버리는 정도의 각오가 필요합니다. 도전해보니 의외로 간단히 해결되어, 생각했던 것보다 좋은 성과가 나오는 경우도 많이 있습니다.

혹시 실패로 끝났더라도 그 경험이 다음 행동을 위한 스텝이 돼줍니다. 실패 원인을 분석하고 반성한다면, 무엇이 부족해 실패했는지 알 수 있습니다. 그리고 시작도 전에 '이것도 아니고 저것도 아니야'라고 이리저리 아무리 생각해도 실패할 때는 하게 됩니다.

일단 움직여본다.

괜찮다고 여겨지면 재빨리 움직인다.

신중히 만전을 기하는 것보다 이런 사람이 몇 배는 더 성공에 다가갑니다. 애초 '만전을 기하다' '완벽하게 준비하다'라는 사고방식은 시간을 유용하게 활용하려면 버리는 게 좋습니다. 뭔가를 시작할 때도 처음부터 완벽을 목표로 하지 않는 것이 일을 수월하게 끌고 가는 비결이라고 생각합니다.

'하려면 만반의 준비를'이라는 사람이 있습니다. 만전을 다하고 행동하고 싶은 마음은 이해하지만 사실 무슨 일이든 시작하면 문제점은 드러나기 마련입니다. 문제점을 해결하면 또 다른 문제가 생겨납니다. 일이란, 그런 메커니즘의 반복입니다. 달리기 전에 완벽을 추구하는 것은 불가능하며, 달리면서 완벽을 추구하는 것입니다.

그리고 어느 정도 달렸다면 한 템포 쉬어가는 단계(60퍼센트 정도라고 생각되는 지점)에서 업무나 플랜을 검토해봅니다. 만일 누군가에게 부탁받은 일이라면 그 시점에서 상대방에게 한번 확인합니다. 그렇게 하면 일이 다 끝나고 상대에게 결과를 건넨 다음 '해석이 다르다' '이런 내용 요구한 적 없다'라는 곤란한 답이 돌아와 다시 작업해야 하는 상황도 면할 수 있습니다.

**재작업을 위한 시간을 낭비하는 일 없이
자신도 상대도 시간을 절약하게 됩니다.**

저도 예전에는 사소한 것에 신경 쓰여 만반의 준비를 갖추지 못하면 시작하지 않는 게으름뱅이였습니다. 그리고 시간이 흐르면 흐를수록 '실패하면 어쩌지?' '아니, 분명 실패할 거야' '그만두는 편이 나아'라고 부정적으로 생각하는 소심한 사람이었습니다.

그런 제가 어떻게 일단 출발하고 보는 행동력 있는 사람이 되었을까요. 누구나 실천할 수 있는 두 가지의 노하우를 알려 드리겠습니다.

첫번째는, '**지금 움직이지 않으면 기회를 놓치는 건 아닐까**' '그때 움직이지 않아서 두 눈 멀쩡히 뜨고 기회를 놓쳐버린 게 아닐까'라는 시점을 갖는 것입니다. '다른 사람이 그 기회를 가져도 괜찮아?' 하고 생각하면 인간은 이상하게도 '그건 안 돼! 특히 ○○씨에게 뺏기고 싶진 않아!'라고 생각하게 되는 것입니다. 노골적인 이야기지만, 돈과 연계해 생각해보면 더욱 효과적입니다.

다른 하나는, 말로써 자신을 밀어붙이는 것입니다. "**나라면 할 수 있잖아. 할 수 있어, 할 수 있어, 할 수 있어**"라고 세 번 소리 내어 말합니다. 콤팩트를 항상 갖고 다니는 여성이라면, 거울로 자신의 웃는 얼굴을 보며 말해보기 바랍니다.

그 장소는 아무도 없는 화장실보다 사람이 많은 카페나 역의 플랫폼 등이 효과적입니다. '어? 뭐야, 이 사람?'이라는 듯

쳐다보는 사람도 있겠지만 이상하게도 창피하게 느껴지는 일 따위 없습니다. 오히려 기분이 편안해집니다.

왜냐하면 여러분은 남들이 쉬고 있을 때 시작하기 위해 한 걸음을 내딛는 것이기 때문입니다. 이런 작은 우월감은 '아직 준비되지 않았으니까 그만둘까'라는 나약한 마음을 날려버립니다.

**무기를 갖춘 뒤에 달리는 것은 늦다.
달리면서 무기를 주워라.**

오리지널에서 살짝만 비틀어 새롭게 하다

시간을 절약하고 효율적으로 쓰는 것은 다른 사람의 힘을 빌리지 않고는 불가능합니다. 그리고 남의 생각이나 아이디어를 빌리는 것은 룰을 벗어나지 않는 한 시간을 유용하게 쓰는 매우 효과적인 수단이 됩니다.

경영했던 회사에서 나온 상품은 대부분 제가 발명했습니다. 주로 건강 기구를 취급했는데 그중 통신판매로 40만 개 이상 팔려 대히트한 것도 있습니다.

그리고 어느 하나 몇십 년에 걸친 고된 연구에서 나오지 않았습니다. 전부 단기간에 세상에 내놓았습니다.

어떻게 그런 것이 가능했냐면 타인의 생각이나 지혜를, 즉 타인의 시간을 빌려 썼기 때문입니다. 앞서 말했던 첫 발명품은 사실 신문 라이프스타일 면에서 보았던 상품을 참고로 개량하여 디자인을 보기 좋게 만든 상품입니다.

'흉내 낸다니 말도 안 돼, 자기 방침에 어긋나는 거나 마찬가지야!'

이렇게 말하는 사람도 있겠죠. 하지만 프로세스는 모방이어도 **오리지널에 나름 공부를 더하면 훌륭한 창조이자 새로운 것으로 다시 태어납니다.**

세상에는 '획기적'이나 '세계 최초'라는 단어를 좋아하는 사람이 많은 것 같습니다. 확실히 노벨상 정도의 발명이나 발견이라면 그런 것들이 요구되겠지요.

하지만 우리가 업무나 일상에서 필요로 하는 아이디어나 발상은 그렇게 소리 높여 오리지널리티를 주장할 필요가 없고, 오히려 그런 사고방식은 상상력을 저하시킵니다.

성실한 사람이나 무슨 일이든 완벽을 추구하는 사람일수록, 아이디어가 나오지 않는다며 자신의 능력에 한계를 느끼고 남들보다 떨어진다고 생각하기 쉽습니다.

이는 큰 실수이고 그렇게 생각하는 순간 상상력의 씨는 말라 버립니다.

무엇보다 보통 사람이 생각해낸 것은 무엇이든 누군가의 발상을 기반으로 태어난 것입니다. '모방' '모조품'이라 야유하지 말고 '오마주'로서 경의와 존경을 가지고 생각해보면 어떨까요.

아무리 머리가 좋은 사람이라도 아이디어는 그렇게 간단하게 떠오르지 않습니다. **한순간의 번뜩임은 있다 해도 그 번뜩임을 형태로 만들어내는 것은 극도로 어려운 일입니다.** 그리고 모두 제로에서 끌어내는 것은 시간도 돈도 많이 듭니다.

하지만 타사에서 크게 히트한 상품을 철저하게 연구하고 좋은 점은 모방하고 궁리한다면, 빠른 시일 안에 '히트 확률이 높은 상품'이 완성됩니다. 핵심은 머리를 쓰는 방법입니다.

히트 상품은 모방에서 시작됩니다.

먼저 자신이 히트를 노리는 업계에서 이미 인기가 있는 상품을 고릅니다.

인기의 이유는 무엇일까. 사용의 편리함, 디자인, 컬러, 가격······. 여러 이유를 철저하게 연구합니다. 그리고 아주 조금 비틂을 더합니다.

예를 들면, 크기를 바꾸거나 사용 편리함에 집중해서 필요 없는 기능을 없애거나 상품명을 기억하기 쉬운 것으로 짓는 등 누구나 할 수 있을 정도의 비틂 정도가 좋습니다.

이는 제가 평소에 실행하는 시간도 돈도 들지 않는 상품 제작 방법입니다.

아이디어 부족으로 고민하는 사람 대부분은 아이디어에 대한 오해가 있는 듯싶습니다. 아이디어는 획기적일 필요가 없습니다. 더욱이 세계 최초일 필요도 없습니다.

타인의 시간을 빌려서 자신의 시간을 유용하게 활용한다.

이를 위해서라도 우선 모방에서 시작해보면 어떨까요.

물론 표절은 절대 NG지만 타인의 아이디어를 베이스로 머리를 짜내어 하나의 형태로 만들어내는 것은 결코 부끄러운 일이 아니고, 오히려 요령이 좋은 것이라고 생각합니다.

효율적으로 일하는 사람은 어떤 것이든 자신의 발상을 이용해서 무에서 유를 만들려고 고집부리지 않습니다. 오히려 항상 안테나를 세워서 이거다 싶은 아이디어를 빌리려고 노력합니다.

'모방하다' '빌리다'는 시간 달인이 되는 첫 걸음.

돈으로 시간을 사는 건 가능하다

'시간은 돈과 같다'는 말이 있습니다. 하지만 돈은 나중에 되찾을 수 있어도 시간은 그럴 수 없기 때문에, 저는 시간이 돈 이상의 것이라고 생각합니다.

'시간은 목숨과 같다'입니다.

목숨은 돈으로 살 수 없습니다. 그렇다면 시간은 돈으로 살 수 있을까요? 하나의 관점이지만 저는 살 수 있다고 생각합니다.

물론 가게에서 쪼개서 팔고 있지는 않습니다. 따라서 보통 '시간은 돈으로 살 수 없다'고 하지만 돈을 써서 시간을 유용하게 쓰는 것은 여러 면에서 가능합니다. 이는 결과적으로 시간을 돈으로 사는 것과 같은 효과가 있습니다.

예를 들어 저는 일이 쌓여 바쁠 때는 지하철이 아닌 택시로 이동합니다. 택시에서는 노트북을 펴거나 서류를 검토하면서 시간을 유용하게 쓸 수 있기 때문입니다. 주변 소음도 거슬리지 않아서 암기나 계산 등 집중해서 일해야 하는 경우에도 매우 유용합니다.

운전사에 따라서는 말을 거는 사람도 있지만, 그때는 목적지와 루트를 전달한 뒤 '일을 해야 하니 도와주시면 좋겠어요'라고 말하면 됩니다.

또한 출장차 기차를 탈 일이 많은데 그때는 특실을 탑니다. 설령 이동하는 거리가 짧아도 특실을 탑니다. 승차 시간에 비해 요금이 꽤 나옵니다. 하지만 좌석 크기에 여유가 있고 피곤할 때는 발을 뻗고 수면을 취할 수도 있습니다.

그에 더해 보통 차량과 달리 아이 우는 소리로 괴롭거나 뛰어다니는 소리에 신경 쓸 확률도 적기 때문에, 원고를 쓰거나 기획 체크 등의 업무도 순조롭게 할 수 있습니다. 보통 잘 떠오르지 않는 아이디어가 잘 떠오르는 일까지. 그런 의미에서 특실은 이동 시간을 유익하게 쓸 수 있는 '달리는 서재'입니다.

이동 수단 외에도 돈으로 시간을 살 수 있는 케이스는 많습니다. 예를 들면 세미나의 경우, 저는 유료 세미나에 자주 참석하려고 합니다. 참가자의 레벨이나 분위기가 무료 세미나에 비해 월등히 좋기 때문입니다.

어설프게 무료 세미나에 참석했다가 '재미없었다' '도움이 되지 않았다'가 되면 돈을 아껴 시간을 낭비한 꼴이 됩니다.

그래서 저는 설사 같은 **강사의 세미나여도 유료인지 무료인지를 고른다면 유료를 선택합니다. 이것이 시간을 사는 행위입니다.**

누구든 눈앞의 돈에 연연하기 마련이지만 돈을 지불함으로써 효율적으로 일할 수 있고, 내용이 알찬 시간을 보낼 수 있다면 당연히 써야 합니다.

돈을 지불한 본전은 돌아올 것이고 그 이상의 이익을 기대할 수도 있습니다.

항상 '돈으로 시간을 살 수 없을까?'라는 발상을 갖는다.

나의 시간 가치는 얼마일까?

돈으로 시간을 산다는 점에서 누구나 생각하는 것이 '얼마까지 돈을 써도 좋은가?'겠지요.

앞의 글에서 '돈으로 시간을 살 수 없을까?'란 발상을 갖자고 했지만 매번 퍼스트클래스나 택시를 이용하는 것은 현실적이지 않습니다.

문제는 '돈으로 시간을 살 때 적정 수준은?'이 됩니다.

그 기준 중 하나로 '자신의 시간 가치는 얼마인가?'라는 계산법이 있습니다. 그에 걸맞은 가격이라면 돈을 내고 시간을 사도 괜찮지 않을까요.

'시간 가치'라는 말은 자격증 3관왕(변호사, 공인회계사, 통역사)이라 불리는 구로카와 야스마사의 책을 읽고 알게 된 단어인데, 해석하자면 그 사람의 '1시간에 해당하는 가치'라고 생각합니다.

시간 가치의 산출 방식은
'받는 보수÷걸리는 시간'으로 지극히 간단합니다.

가령 당신의 월급은 얼마입니까.

예를 들어 300만 원이라고 하면, 시급으로 환산하면 얼마가 되는지 계산해보세요. 하루 8시간 근무하고 한 달에 20일 출근한다고 가정하면 시급은 18,750원이 됩니다. 이것이 당신의 시간 가치입니다. 보너스나 시간 수당까지 포함하면 실제 시간 가치는 더 올라가겠죠.

이 결과를 여러분은 어떻게 생각하십니까. 꽤 좋은 시급을 받고 있다고 생각되지 않습니까. 현재 최저시급은 8,590원이므로, 1시간당 약 2배의 돈(가치)을 받는 것입니다. 임원 정도라면 시급은 더 높아지겠지요.

이렇게 월급을 시급으로 환산해보면 자신의 '1시간당 가치=시간 가치'가 확실히 드러납니다.

자신의 시간 가치를 알면 시간을 어디까지 돈을 주고 사야 할지도 자연스레 알게 됩니다.

또한 시간 가치를 안다는 것은 시간을 어떻게 사용하면 좋을지, 어떻게 보내는 게 시간에 걸맞게 일하는 것인지를 진중하게 생각하는 계기가 됩니다.

예를 들어 당신의 시간 가치가 3만 원이라고 합시다.

그러면 전날의 숙취로 의욕 없이 출근해서 1시간을 무의미하게 보내도 3만 원, 컨디션에 만전을 기해 주거래처에 제출할 기획서를 1시간 동안 작성해도 3만 원이란 돈이 드는 것입니다. 그렇게 생각하면 시간을 소중히 생각하지 않을 수 없습니다.

또한 시간 가치가 1시간당 3만 원인 사람이 기획서 작성에 1시간을 소비한다면, 적어도 3만 원의 값어치가 될 만한 충실한 내용의 것을 만들지 않으면 안 됩니다. 이런 감각은 자신이 시간을 유용하게 사용하는 데 매우 중요합니다.

제가 여러 자격증을 단기간에 딸 수 있었던 것도 저의 시간 가치를 의식하고 있었기 때문입니다.

사장 업무를 보면서 자격증을 따겠다고 생각했을 때 주변에서 "어차피 오래가지 않을걸"이라고 무시당하는 게 싫어서 처음에는 비밀로 했습니다.

하지만 언제가 들통날 테고 그러면 '그런 거에 시간을 쓰다니. 지금 당신이 월급을 얼마나 받는 몸인지 알고 있어?' 하고 잔소리할 간부들의 모습이 눈에 선했습니다.

그때 "괜찮아. 내 시간 가치는 내가 잘 알고 그에 맞는 일은 하고 있어"라고 되받아칠 수 없다면 자격증 공부는 그만두자는 각오로 임해 단기간에 자격증을 딸 수 있었습니다.

시간 가치를 알면 일 하나하나에 대해서 정말로 해야 하는 일인지 아닌지를 깊이 이해할 수 있게 됩니다. 그리고 무슨 일을 하더라도 '돈이 드니까 시간은 낭비할 수 없다'는 생각으로 바뀌게 됩니다.

저는 시간 가치의 자각이 없는 사람에게 자주 보는 곳 어딘가에 자신의 시급만큼의 돈을 넣어두라고 조언합니다.

시간 가치가 만 원이라면 업무용 바인더나 수첩에 만 원 지폐를 붙여놓고 끊임없이 의식하는 것입니다.

'내 시급은 만 원!'을 이해한다면
의식하지 않아도 시간을 쓰는 방법이 변해갑니다.

모든 것을 돈으로 환산하라고는 말하지 않지만 시간 가치라는 척도로 자신의 업무를 생각하는 것은 시간의 비용 대비 효과를 이해하게 되는 일입니다.

  이를 이해하지 못하는 사람은 평생 시간 빈곤자가 되어 살고 아무리 노력해도 시간 부자가 될 수 없습니다.

**자신의 시간 가치를 알면
시간을 허투루 쓰는 일이 없어진다.**

책상을 벗어나면
좋은 것이 발견된다

'사무실의 내 책상에서가 아니면 일 못 해.'

이렇게 단정 짓는 사람은 시간을 효율적으로 활용할 수 없습니다. 정보기기나 소도구를 준비하면 뭔가 일이 생길 때 어디서든 짧은 시간에도 효율적으로 일할 수 있습니다.

개인적인 경험에서 말하자면, 기획을 짜고 아이디어를 내는 업무는 책상 앞에서 아무리 끙끙대고 있어도 좀처럼 결과가 나오지 않습니다. 발상력이나 상상력이 필요한 일은 사람을 만나거나 사무실 밖에서 받는 자극이 오히려 영감으로 이어지는 경우가 많습니다.

그런 영감을 놓치지 않기 위해서라도 어디서든 아이디어를 적을 수 있도록 저는 항상 작은 메모장과 포스트잇을 가지고 다닙니다.

또한 도보로 이동 중에 뭔가 떠올랐을 때처럼 메모할 수 없는 환경에서는 핸드폰에 녹음했다가 나중에 메모장에 옮겨 적습니다. 이것은 27년간 계속하고 있는 습관입니다.

'통근하는 지하철에서 신상품 아이디어가 떠오르고 차내 광고에서 상품명을 떠올린다.'

'점심시간에 들어간 카페에서 본 잡지가 패키지 디자인의 참고가 된다.'

이렇게 사무실 밖에서 떠오른 아이디어에서 지금까지 10개 이상의 제품이 태어났습니다. 여기에 서적 기획이나 강연 테마 등 업무에 도움되는 아이디어까지 포함하면 제 발상의 70퍼센트는 책상을 떠나서 태어났다고 해도 과언이 아닙니다.

책상 앞에서가 아니면 일할 수 없다고 생각하면, 시간뿐 아니라 중요한 발견의 순간마저 잃게 됩니다.

마음만 있다면 어디서든 언제든 무엇이든 할 수 있다.

최고의 개그맨이
방송 전에 하는 일

무슨 일이든지 사전 준비가 열쇠를 쥐고 있습니다. 사무든 회의든 미리 얼마나 준비했느냐에 따라 시간 효율은 크게 좌우됩니다.

저는 TV나 라디오 프로그램 출연을 자주 요청받는데 개그맨과 함께할 때도 있습니다. 그들을 계속 관찰하면서 느낀 것이 있습니다.

휴식 시간에 묵묵히 침묵을 지키는 개그맨과 휴식 시간에도 계속 말하기 바쁜 개그맨이 있다는 것입니다. TV쇼핑 프로그램에서 만난 타이헤이 사브로 씨는 후자였습니다. 어느 날 대기실에서 함께 녹화를 기다리는데 시작 바로 전까지 계속 말을 걸어왔습니다.

카메라가 돌아가지도 않는데 왜 계속 말하냐고 물어보니, 본방을 위해 텐션을 미리 높여놓기 위해서라고 대답했습니다. 이렇게 대기실에서 끊임없이 말하면서 본방송에서 바로 힘을 낼 수 있다는 것입니다.

쓸모없이 말하는 것처럼 보여도 사실 본방송을 위한 발구르기였습니다.

사람에 따라서 단번에 본방송에서 완성도 높은 퍼포먼스를 발휘할 수 있는 사람도 있겠지만, 베테랑 예능인이어도 사전에 계속 말하는 것으로 텐션을 유지하는 사람이 있습니다. 아카시야 산마(지상파 방송에서 다수의 프로그램을 진행하는 일본 톱 개그맨─옮긴이) 씨도 광고가 나가는 동안 끊임없이 말합니다.

그렇게나 재능 있는 사람도 본방송에 앞서 확실히 워밍업을 합니다. 따라서 평범한 우리는 어떤 일에 실력을 발휘하거나 시간 효율화를 목표로 한다면 워밍업, 즉 준비를 빼놓을 수 없습니다.

예를 들어 회의를 하더라도, 아무 준비도 없이 갑자기 당일 모든 참석자가 모여도 좋은 의견이 나올 리 없습니다. 그 자리에서 자료를 검토하고 생각을 정리하고 모두의 의견을 듣고 생각한 것을 각각 말하고……. 이렇게 해서는 좋은 결론이 나오기는커녕 시간만 낭비할 뿐입니다. 아무리 '회의를 빨리 끝내려고' 해도 불가능합니다.

하지만 미리 회의 자료를 돌리고 참석자 전원이 자신의 생각을 정리해놓으면, 내용은 충실하고 더불어 단시간에 결론 낼 수 있는 회의가 가능해집니다.

그러고 보니 지인 A씨는 늘어지는 회의를 방지하기 위해 이런 궁리를 하고 있습니다. A씨의 상사인 B부장은 주말 부부라 매주 금요일 저녁 기차로 가족이 있는 지방으로 돌아갑니다. 거기서 A씨는 회의를 금요일 저녁으로 정했습니다.

B부장이 회의를 지휘하지만 기차 시간에 맞추기 위해, 사전에 부하 직원에게 의견을 묻고 아이디어를 제안받고 정리해놓습니다. 그렇게 하면, 준비돼 있기 때문에 회의 진행은 순조로워지고 끝나는 시간도 정해져서 내용이 충실한 회의가 됩니다.

회의의 시간 밀도는 회의 전에 결정된다.

회의 시간이 짧아지는
7가지 기술

'회의가 많다.'
'회의에 시간을 잡아먹혀 업무가 정체된다.'
이렇게 변명하는 회사원은 많은 법.
반면 개선하려고 행동하는 사람은 적지 않나요?
사전에 회의에 쓰일 자료를 건네고 각자 훑어보는 것은 기본 중의 기본입니다. 여기서 제가 실천하고 있는 회의 시간의 밀도를 높이는 테크닉을 소개하겠습니다.

첫째, 목적을 명확하게 한다.

개인적 보고, 연락, 상담이라면 굳이 회의할 필요가 없습니다. 또한 상담이란 이름의 '투정', 어드바이스란 이름의 '개인 공격'이 회의 도중 튀어나오는 일도 있습니다. 무엇을 정하는가. 그것이 뚜렷하지 않으면 회의라 할 수 없습니다.

둘째, 종료 시간을 짧게 설정한다.

안건이 많더라도 회의 시간을 길게 설정할 필요는 없습니다. '이렇게 짧은 시간에 논의가 될까'라고 주저할 정도의 시간에 스피디하게 건설적인 의견이 나옵니다.

셋째, 일어서서 회의를 한다.

회의는 앉아서 하는 것이라고 생각하고 있지 않나요? 안건이 모아진 후 일어나 회의를 진행하면, 아무리 어려운 문제를 품은 회의라도 유익한 의견이 술술 나올 뿐 아니라 정리하는 것 역시 빨라집니다. 이는 서 있는 것으로 모두가 액티브한 상태가 되기 때문입니다. 게다가 장시간 서 있는 것은 힘이 들기 때문에 자연스레 회의 시간 단축으로도 이어집니다.

넷째, 타이머를 설정한다.

회의 시간이 길어질 것 같으면, 하나의 안건당 15분에 끝낼 수 있도록 미리 타이머를 설정해두는 것도 좋습니다.

처음에는 타이머 소리에 놀라겠지만 서서히 시간 단축으로 이어집니다.

다섯째, 기본은 '발언 하나에 1분'.

보고, 연락, 상담, 의견, 제안 등 발언 종류는 달라도 '발언 하나에 1분'을 참석한 사람 모두 의식하면, 이야기가 옆으로 새거나 쓸모없는 말이 나오는 일이 없어집니다.

여섯째, 발언의 흐름을 정해둔다.

'결론 또는 현 상황 보고 → 이유 또는 경과 → 행동 지표나 개선 계획 제안'처럼 발언의 흐름을 정하면, 모두가 집중해서 이야기를 듣습니다.

회의 참석자도 자연스레 같은 식으로 이야기하게 되고 회의 시간의 밀도가 높아집니다.

일곱째, 금요일 업무 종료 직전이나 저녁 등 돌아가고 싶은 기분이 높아질 때 회의를 잡는다.

금요일 저녁이 되면 기혼자는 서둘러 가정으로 돌아가고 싶어지고, 싱글이라면 데이트나 술자리 등 개인적인 모임에 마음이 향해 있습니다. 모두 일을 빨리 끝내고 싶어 합니다.

그래서 일부러 회의를 그 시간에 잡아놓으면, 필요없는 이야기가 나올 새도 없이 회의는 끝이 납니다.

앞의 테크닉은 모두 바로 할 수 있는 것입니다.

당신이 회의를 주재하는 사람이라면 회의의 시간 밀도를 금세 높일 수 있고, 참가자라면 '기본은 발언 하나에 1분'이나 '발언의 흐름은 미리 정해둔다' 정도는 실천할 수 있겠지요. 먼저 이 두 가지 포인트부터 철저히 하면, 주변 사람도 회의 흐름에 주의를 기울이고 의식이 높아져 '회의의 시간 밀도'는 서서히 올라가게 됩니다.

일단 '발언 하나 1분'부터 시작하자.

계속해서 편하게
일할 방법을 궁리한다

저는 컨설턴트 일 외에도 필자, 강연가로서 여러 일을 하고 있습니다. 일을 동시에 하는 비결은 '가능한 한 편하게 할 수 있는 법을 생각'하는 것입니다.

'편하게 한다.'
'편해지는 것을 생각한다.'

이런 말에는 왜인지 나쁜 이미지가 있습니다. '편해진다'는 말은 게으른 것을 뜻하는 것 같아서 죄책감을 느끼는 사람도 있습니다. 예전에는 저도 편해지는 방법을 생각하는 것은 좋지 않다고 생각했습니다.

하지만 최근 들어서 시간을 유용하게 활용하려면, 편해지는 법을 생각하는 것은 결코 나쁜 것이 아니라는 사실을 조금씩 알게 되었습니다.

편하게 한다고 하면 대충 해서 업무의 질을 떨어뜨린다는 이미지가 있습니다. 확실히 일의 질이 떨어진다면 그 행위는 받아들일 수 없습니다. 하지만 적당히 일의 질이 떨어지지 않게 한다면, 결코 나쁜 것은 아닙니다. 오히려 시간을 유용하게 활용하기 위해 장려할 일입니다.

편하게 하면서도 일의 질을 떨어뜨리지 않는다는 것은, 바꿔 말하면 생산성을 높이고 요령 있게 일을 처리해가는 것입니다.

지금까지 1시간 걸렸던 일을 10분에 끝마친다.
지금까지 10의 수고를 들였던 일을 1의 수고로 할 수 있게 한다.

이런 것입니다.

그리고 이것을 실현하기 위해서는 연구와 아이디어가 필요합니다.

'이 일에서 생략해도 되는 건 어떤 거지? 필요없는 건 없나?'
'남에게 부탁할 수 있는 범위는? 어떻게 부탁하면 제대로 해줄까?'
'자동적으로 일이 진행될 수 있는 방식을 만드는 건 불가능할까?'

일상적으로 '어떻게 하면 좀 더 편하게 할 수 있을까'를 끊임없이 묻고 생각하는 것은 결코 꺼림칙한 일이 아닙니다. 그리고 편하면 편할수록 다른 일이나 새로운 것에 도전할 기회가 생깁니다.

저는 하고 있는 여러 가지 일 하나하나에, 좀 더 편하게 할 수 있는 법은 없을까를 매일 생각하고 있습니다. 그렇지 않으면 이렇게 많은 일을 전부 다 한다는 건 불가능합니다.

그리고 좀 더 다양한 장르의 일을 하고 싶기 때문에, 더욱더 '좀 더 편해지는 방법은 없을까'를 항상 생각하고 행동하고 있습니다.

**'시간의 달인'은 어떻게 하면 좀 더 편하게 할 수 있을까를
끊임없이 생각하는 사람이다.**

의욕을 만들어주는
3가지 힌트

일이 빠른 사람은 일단 움직이는 실행력을 가졌습니다. 반대로 일이 느린 사람은 우유부단합니다. 우유부단은 시간 부자에게는 천적입니다.

말할 것도 없이 어떤 일이든 시간이 흐르면 흐를수록 하기 어려워지기 때문입니다.

'하고 싶은 마음이 생길 때까지 기다린다.'

이것은 우유부단한 사람이 내뱉는 상투적인 말에 지나지 않습니다. 의욕도 없는데 일에 손대면 제대로 된 결과가 나오지 않으니, 하고 싶은 마음이 생긴 다음에 시작하는 게 좋다는 이유로 합리화하는 변명입니다.

그러나 '하고 싶은 마음'을 착각해서는 안 됩니다. 하고 싶은 마음은 의욕입니다. 기다리면 찾아오는 것이 아니라, 스스로 환기시키는 것입니다. 그러므로 할 마음과 씨름할 것이 아니라 그 마음을 일으켜야 합니다.

이는 인간 뇌의 시스템을 바탕으로 생각해봐도 타당한 이론입니다.

인간의 뇌는 뭔가 행동하면 '작업 흥분'의 상태가 됩니다. 이 상태가 되면 의욕이 생기고, 뇌의 사령탑인 전두연합야의 움직임이 활발해져 머리가 생기를 띱니다.

즉, '할 마음이 생긴 다음 일을 한다'가 아니라 '일을 하니 의욕이 생겼다'는 것이 인간의 기능적 면에서도 이치에 맞습니다. 하고 싶은 마음이 생길 때까지……. 이런 말이나 하면서 언제 찾아올지 모를 기분을 계속 기다리는 것은 정말이지 시간 낭비입니다.

하지만 그렇다고 해도 어디부터 손대야 할지 모른다는 사람도 있을 것입니다. '일단 움직이면 의욕이 따라와준다'고 해도 선뜻 이해하지 못하는 사람도 있을지 모릅니다.

그런 사람에게 권하고 싶은 것이 다음의 세 가지 방법입니다. 이 중 하나만 실천해도 의욕이 생겨나기 때문에, 해볼 가치가 있습니다.

첫째, BGM을 활용한다.

규모가 큰 비즈니스 프리젠테이션 전이나, 지위가 높은 사람을 만날 때는 누구나 위축되기 마련입니다. 전투적인 기분을 만들기 위해 영화 〈록키〉에 사용된 〈록키 테마곡〉을, 자신감을 가질 수 있게 클래식 〈영웅〉을 BGM으로 틀면 좋습니다.

반대로 기분이 진정되지 않을 때는 〈스케이터스 왈츠〉(Waldteufel, Les Patineurs Valse)나 TV프로그램 〈정열대륙〉(일본의 다큐멘터리 방송 - 옮긴이)의 엔딩곡 〈에토피리카〉(바이올리니스트 하카세 다로의 곡 - 옮긴이)로 마음을 가라앉힙니다.

둘째, 향기를 활용한다.

향기는 직접적으로 뇌를 자극하기 때문에 빠르게 의욕을 불러일으킵니다. 개인적으로, 아로마 오일 중에 아드레날린 분비를 촉진시킨다고 알려진 '레몬그라스'와 집중력을 높이는 '주니퍼', 상쾌함을 품은 '페퍼민트' 향을 활용합니다.

적은 양을 손수건에 적셔서 냄새를 맡거나 아로마디퓨저에 넣어 효과를 보고 있습니다.

단, 향은 사람에 따라 호불호가 갈리기 때문에 효과가 기대

된다고 해서 좋아하지 않는 향을 무리해서 취하면 스트레스만 늘어날 뿐 손해입니다.

셋째, 자신을 고무시킬 말을 외친다.

자신을 칭찬하거나 위로하는 일을 많이 해야 합니다.

저는 매일 아침 "오늘도 좋은 하루가 될 거야", 거울 앞에서는 "너는 할 수 있는 사람이야", 문제가 산적한 일을 앞두고는 "극복하지 못하는 시련은 없어" 등 스스로를 고무시키는 말을 소리내 말합니다.

부끄러움이나 창피함은 잊고 자신을 갖고 몇 번이나, 마지막에는 반드시 "내가 할 수 없는 일은 없어!"라고 외칩니다.

이것은 그저 한 예일 뿐이고 어떤 말이든 상관없습니다. 자신에게 어울리는 확실한 말을 찾아서 여러분의 의욕을 북돋기 바랍니다.

의욕은 기다리는 것이 아니라 불러일으키는 것이다.

'선물의 날'을 활용한 목표 달성

뭔가 목표를 정하고 실행하려 결심해도, 좀처럼 시작하지 못하거나 지속하지 못하는 경우가 많습니다. 그 이유 중 하나는 동기부여의 저하입니다.

본래 '의욕'이란 기복이 심한 것입니다. 앞서 말했듯 일단 움직이고 나서 의욕을 북돋워도 의지가 강한 일부를 제외하면 '목표를 달성하자!'고 결심했을 때의 마음을 유지하는 것은 정말 어렵습니다. 아무리 그것이 자신을 위한 훌륭한 목표라 해도 말이죠.

'목표를 달성했을 때의 자신의 모습을 상상한다.'

'그 모습을 종이에 써서 붙여둔다.'

동기부여를 계속 유지하며 목표를 향해 꾸준히 나아가기 위해서 오래전부터 많이 사용된 방식입니다. 하지만 저처럼 의지가 약한 사람에게는 역부족이었습니다.

거기서 저는 좀 더 단순하고 좀 더 효과적인 방법을 써서, 목표를 향해 확실하게 나아가려 하고 있습니다. 바로 자신의 '욕심'을 이용하는 방법입니다.

'이것을 달성하면 이것을 사자.'
'저것을 달성하면 저것을 하자.'

참으로 아이 같습니다. 하지만 저처럼 단순한 사람에게는 매우 효과적인 방법입니다.

저는 처음으로 발명한 상품을 개발하고 1년 후의 매출 목표를 10만 개로 했을 때도 이 방법을 썼습니다.

'달성하면 아타미에 별장을 사자.'

욕심을 동기부여에 이용할 때는 단순한 목표가 좋습니다.

'세상 사람들에게 도움이 되고 싶다.'

이런 욕망을 부정하려는 것은 아니지만 적어도 저는 좀 더 속물적인 욕망을 눈앞에 내걸지 않으면 의욕을 유지할 수 없습니다.

자신에게 솔직히 물어본다면, 목표 달성 후 무엇을 갖고 싶고 무엇을 하고 싶은지 분명하기 때문에 거기서 찾은 다소 능글맞은 욕망을 목표 달성을 위한 원료로 쓰기를 권합니다.

또한 욕망은 그저 마음에 품고 있어서는 안 됩니다.
가능한 한 리얼하고 생생하게 자신에게 보일수록 효과가 있습니다.

조금 전 '아타미에 별장을 사자'라는 욕망을 예로 들었지만 그때 '갖고 싶어!'라는 마음을 좀 더 절실하게 상기시키기 위해서 비주얼적으로도 어필했습니다.

먼저 잡지에서 별장 사진을 찾아 오려냈습니다. 그리고 목표를 적은 종이와 함께 눈에 띄는 곳에 붙여뒀습니다. 의욕이 시들어졌을 때 바라보고 그때마다 기분을 끌어올렸습니다.

품위 있는 방법은 아니지만 인간은 기본적으로 욕심이 많은 동물인지라 이를 동기부여에 이용하는 것은 결코 우습게 볼 일이 아닙니다.

저는 욕망은 남들의 배가 될 정도로 많으면서 의지는 약한 인간입니다. 기분에 기복이 심하고 컨디션이 좋을 때는 곁눈도 주지 않을 정도로 열심이지만, 그렇지 않을 때는 엉덩이에

뿌리가 돋은 것처럼 움직이지 않습니다.

저 같은 인간에게는 이 '당근 작전'이 매우 간단하고 또한 효과적입니다.

의욕을 자극하는 방법은 또 있습니다. 예를 들면, 목표 달성까지의 과정 포인트마다 **자신에게 작은 보상을 주는 '선물의 날'입니다.** 이 역시 단순하지만 효과는 바로 나타납니다.

행정사 자격증 공부를 했던 때의 일입니다. 당시 월요일부터 금요일까지 경영자와 수험생을 오가는 양다리 상태에 놓여 있었습니다. 심지어 타이밍도 좋지 않아서 경영자 업무로 매우 바빴던 시기입니다.

당연히 정신적으로도 육체적으로도 무리하고 있었고, 이런 상태가 계속되면 스트레스가 쌓여 결국 이도 저도 잘되지 않을 거라고 생각했습니다.

여기서 선물의 날이 등장합니다. 일주일에 반나절, 휴일 오후에 수영이나 댄스, 독서를 하거나 좋아하는 일을 마음껏 즐기는 선물의 날을 정한 것입니다.

'선물의 날이 있어'라고 생각하면 월요일부터 금요일이 아무리 힘들어도 동기부여를 유지한 채 고비를 넘길 수 있습니다. 그런 패턴의 반복이 한 번에 행정사 합격으로 이어졌다고 생각합니다.

혹시 제가 '놀 여유가 있으면 공부해'라고 생각했다면, 분명 공부하다가 좌절해서 단번에 합격하기 힘들었을 것입니다.

또한 '합격하고 놀면 돼' 하고 생각했어도 의지가 약해서 그때까지 참지 못했을 것입니다.

우직하게 목표를 향해 돌진하는 사람은 예외로 하더라도, 그렇지 않은 저 같은 사람은 뭔가를 하기 위해 '욕망'을 눈앞에 두는 것을 권합니다.

그리고 커다란 욕망은 목표 달성의 '상'으로 잠시 미뤄두고, 작은 욕망을 그 과정에 조금씩 제시하는 것이 중요합니다.

작은 욕망을 채워가며, 언젠가는 커다란 욕망을 손에 넣는다.

욕망을 잘 이용하면 일이나 공부의 효율은 높아집니다.

욕망이라는 원료는 노골적일수록 잘 타오른다.

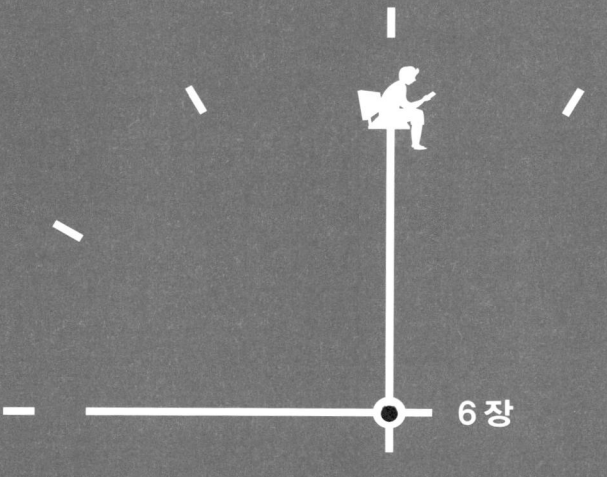

6장

시간 효율을 높이는 사소한 습관

**만족스러운 하루를 위한
셀프 프로듀스**

머리 회전이 좋아지는
식생활

　시간을 낭비 없이 활용해 효율적으로 일하고 목표를 달성하기 위한 노하우는 기술적인 것부터 정신적인 것까지 다수 존재합니다. 그리고 식사하는 방식도 실은 중요한 노하우입니다. 식사를 어떻게 하느냐에 따라서 일의 효율, 나아가 시간 효율이 현격히 달라집니다.

　저는 영양사 자격증이 있어서 20년 이상 식사 방식의 중요성을 해설하고 실천해왔습니다.

　지인 중 '일 잘하는 사람'은 대부분 예외 없이 식생활에도 일에서만큼 주의를 기울입니다.

반대로 '바쁘다'를 습관처럼 말하는 사람, 일 맺음이 서투르고 잘 못하는 사람은 외식이 많고, 정크푸드 등 영양소가 불균형한 음식으로 끼니를 때우는 경우가 잦습니다.

'일을 빨리 마무리하지 못하니까 제대로 된 식사를 할 수 없어.'

한편으로는 사실일지 모릅니다. 하지만 이렇게 생각해보면 어떨까요?

'제대로 된 식사를 하지 않으니까, 일이 빨리 마무리되지 않는다.'

제게도 그런 경험이 있습니다. 바쁘다고 식사를 거르고 단시간에 삼키듯 먹어버리면, 생각처럼 머리가 돌아가지 않아서 서류를 읽어도 대화를 나눠도 집중할 수 없거나, 머리에 잘 들어오지 않거나 합니다. 마치 마음이 딴 데 가 있는 듯한 기분이 듭니다.

이는 머리 회전을 원활히 하는 영양소인 '당질' 부족이 원인입니다. 당질은 쌀이나 밀가루 등의 곡류나 감자, 고구마 등의 주성분인 전분, 설탕, 과당 등 당분을 총칭하는 말입니다. 그리고 중요한 것은 당질은 신체 안에서 가장 빨리 에너지로 전환되는 영양소기도 합니다.

하지만 그렇다고는 해도 당질을 섭취하면 졸리거나 나른해져 일에 집중할 수 없다는 사람도 있습니다. 그런 사람은 **점심 후 '껌'을 씹는 것도 좋은 방법입니다.**

치아는 뿌리가 치근막이라는 쿠션 같은 조직으로 덮여 있고, 씹는 행위로 압력을 가해 치근막의 혈관을 압축하여 펌프처럼 혈액을 뇌로 보냅니다. 그 결과 반사신경, 판단력, 집중력, 기억력이 높아진다고 합니다.

잘 씹으면 졸음에 빠질 염려도 없고, 입 주변의 근육을 사용하므로 표정도 풍부해집니다.

최근에는 '당질 제한'이 트렌드지만 **필요 이상으로 당질을 제한하면 머리 회전이 둔해지고 피로가 쌓이기 쉽습니다.**

'아침엔 시간이 없으니까' '식욕이 없으니까'라며 아무것도 먹지 않고 출근하는 사람이 있지만 뇌에 에너지가 부족해지면 일이 잘될 리 없습니다. 그저 아침 먹는 시간을 아끼려 했을 뿐인데, 작업 효율이 떨어져서 결과적으로 온종일 시간 밀도를 저하시키고 맙니다.

당질 외에도 비타민B1, 칼슘 등이 부족하지는 않은지 항상 주의를 기울여 적극적으로 섭취하려고 합니다.

비타민B1이 부족하면 기껏 섭취한 당질도 분해되지 않아 에너지가 생기지 않습니다. 그뿐 아니라 피로물질이라 불리는 젖산이 쌓이고, 짜증과 스트레스가 느껴져 숨이 차거나 식욕부진을 일으키기도 합니다.

비타민B1은 쌀눈, 돼지고기, 간, 콩류 등에 많이 포함돼 있으므로 바쁠 때는 배아미로 밥을 하여 콩류를 넣은 샐러드나 무침으로 비타민B1을 잘 섭취하려고 합니다.

또한 칼슘에는 뇌나 신경의 흥분을 진정시켜 마음을 가라앉히고 집중력을 높여주는 효과가 있기 때문에 이 또한 잘 섭취하려고 합니다.

언뜻 보면 업무나 타임 매니지먼트와는 상관없는 것처럼 들립니다. 하지만 식사에 주의를 기울여 당질, 비타민B1, 칼슘을 잘 섭취하는 것은 뇌의 움직임을 활성화시켜 집중력을 높이고 일의 효율성을 높여 결과적으로 시간 효율에 크게 기여하게 됩니다.

식사는 사람을 만들고 시간을 만든다.

몸과 머리의
피로 밸런스를 맞춘다

피곤할 때는 머리 회전도 떨어지기 때문에 일의 효율이 나빠져 시간 밀도가 낮아집니다. 이럴 때는 가능하면 한번 쉬면서 리프레시하고 나서 다시 시작하고 싶어집니다. 그런데 '오늘은 지쳤으니까 그만 자자' 하고 침대에 누웠는데 좀처럼 잠이 오지 않아 힘들었던 적은 없는지요?

특히 사무직 노동자에게 해당하는 것이지만, 머리를 너무 많이 쓴 것 같다면 다음에는 몸을 쓰는 것을 권합니다. 이는 몸을 움직여 기분 전환하는 효과도 있지만, 큰 목적은 머리와 몸의 '피로 밸런스'를 맞추는 것입니다.

가령 영업전략을 검토하거나 상품기획을 생각할 때는 몸은 거의 움직이지 않고 머리만 혹사시키게 됩니다. 머리의 피로도가 높아집니다.

이럴 때 '오늘은 이제 그만 쉬고 내일 아침 개운한 머리로 생각하자' 하고 결심해도 눈이 말똥말똥해서 잠들지 못하고 다음 날 아침도 멍해지고 맙니다. 이는 머리와 비교해서 몸은 그다지 피곤하지 않기 때문에, 좀처럼 취침 모드로 바뀌지 못하는 것이 원인입니다.

그래서 저는 그럴 때 **몸을 있는 힘껏 움직여 머리와 몸의 피로 밸런스를 맞추려고 합니다.** 수영장에 가서 몸을 충분히 움직이면 숙면하기 쉽고 밸런스도 맞춰집니다.

머리를 쓴 다음 몸을 쓰는 것이 아니라 산책하며 신상품을 궁리하는 것처럼, 머리와 몸을 동시에 쓰는 것도 방법입니다. 책상 앞에 앉아 몰두하는 것보다 밖에 나가 걸으면서 생각할 때 아이디어가 더 잘 떠오르는 경우도 자주 있습니다.

교토에는 '철학의 길'이라는 작은 길이 있습니다. 이 길은 교토 대학의 교수였던 철학자 니시다 기타로가 사색할 때 산책한 것에서 이름 붙여진 곳으로, 걸을 때 좋은 아이디어나 생각이 떠오르는 것은 머리뿐 아니라 발꿈치가 자극되기 때문이기도 합니다.

의학의 아버지라고 불리는 고대 그리스 철학자 히포크라테스는 "걸으면 머리가 가벼워진다"고 당시 사람들에게 전했다고 합니다. 걷는 것으로 머리가 자극되어 뇌의 움직임이 활발해지는 사실은 현대 뇌생리학에서도 정설입니다.

걸으며 누군가와 이야기하는 것도 좋습니다. 이와 관련해서 존경하는 기업가이자 '와세다 세미나'의 창업자 나리카와 도요히코 씨와의 에피소드를 잊을 수 없습니다.

나리카와 씨는 회의는 60분 이내에 끝마치고 전기를 끄거나, 화장실은 '○분 이내'라고 적은 종이를 벽에 붙일 정도로 시간 활용에 엄격한 사람입니다.

어느 날 미팅으로 그의 사무실을 방문했을 때 우리는 누가 먼저랄 것도 없이 "살 쪘어요?" "살 쪘네요?"라는 말을 주고받았습니다. 둘 다 운동 부족이었습니다.

그러자 나리카와 씨는 이런 제안을 했습니다.

"몸 좀 움직입시다."

그렇게 회의는 급작스레 야외에서 걸으며 하게 되었습니다. 그것도 산책 수준이 아닌, 경보 스피드로.

"우스이 씨 아니면 통할 수 없어요"라고 말했기 때문에 누구에게나 하는 제안은 아니었지만 매우 합리적인 제안이었다고 생각합니다. 회의는 물론 잘 진행되었습니다.

산책뿐만이 아니라 일하는 짬짬이 기지개를 켜거나 가벼운 체조를 하는 것도 머리와 몸의 밸런스를 잡는 데 효과적입니다. 저도 음악을 틀어놓고 자유롭게 몸을 움직이는 '즉흥 댄스'를 추거나 스트레칭하기도 합니다.

특별한 스포츠를 하거나 스포츠클럽에서 땀을 흘리는 것만이 몸을 움직이는 것은 아닙니다. 평소부터 가능하면 엘레베이터가 아닌 계단을 이용하고, 발바닥을 손으로 세게 누르거나 손바닥 혈 자리를 누르는 간단한 방법도 상관없습니다.

집중해서 일하거나 머리를 쓴 후에는, 같은 정도로 몸도 움직여야 하는 것을 생각합시다. 머리 회전을 빠르게 하기 위해서라도 적극적으로 몸을 쓰면, 머리와 몸의 밸런스가 맞춰져서 스트레스나 슬럼프는 멀어지고 효율 좋게 일할 수 있습니다.

더불어 기분 좋은 피곤은 숙면을 도와 건강에 좋습니다.

언제나 머리와 몸의 밸런스를 유지한다.

최고의 컨디션을 만드는
수면 기술

간혹 잠자는 시간까지 아껴 일한다는 사람이 있습니다. 어쩔 수 없을 때는 방법이 없습니다만, 이는 결코 '근면하다'고 칭찬받을 일이 아닙니다. 수면이 부족해지면 머리 회전은 당연히 둔해지고 높은 퀄리티의 퍼포먼스로 효율적으로 일할 수 없기 때문입니다. 결국 시간 밀도가 낮아지게 됩니다.

**수면 시간을 줄인다는 건
고리 사채업자에게 높은 이자로 돈을 빌리는 것과 같은 것.**

이런 경우 당장의 상황은 어떻게든 모면한다 해도, 이후 더 힘들어질 게 빤히 보입니다. 달리 방도가 없을 정도로 급할 때는 철야도 해야 하겠지만 가능하면 그러고 싶지는 않습니다.

저는 일하면서 자격증 공부를 할 때도 하루 6시간 수면 시간은 꼭 확보했습니다. 6시간이란 어디까지나 제 경우고 사람에 따라서는 8시간이 필요한 사람도 있을 것입니다. 몇 시간이라 하더라도 일정한 리듬을 유지하는 것이 중요합니다.

참고로 제 주위의 일 잘하는 사람을 보면 수면 시간은 대체로 적은 편입니다. 저처럼 6시간을 자는 사람은 드물고 그중에는 4시간인 사람도 있습니다.

그럼 그들에게 '4시간의 수면 시간이 충분한가'라고 하면 결코 그렇지 않습니다.

다만 바쁘면서도 밤에 잠을 적게 자는 사람은 반드시 해도 무방할 정도로 '어떤 것'을 통해 수면 시간의 총량을 맞춰 갑니다.

바로 낮잠입니다. 수면 시간이 부족하면 일의 능률이 떨어진다는 것을 그들은 잘 알고 있습니다. 그래서 **점심시간에 책상에 엎드려 자거나, 카페에서 얕은 잠을 자거나** 해서 15분 정도 낮잠을 취합니다. 낮잠에는 고작 15분만으로도 몸이 한결 가벼워지는 효과가 있습니다.

또한 수면 시간은 무조건 길다고 좋은 것이 아닙니다. '수면의 질' 역시 고려해야 합니다. 즉, '얼마나 푹 숙면을 취했는가'가 중요합니다.

이불을 덮고 바로 깊이 잠들 수 있는 사람은 수면 시간이 짧더라도 피로가 말끔히 풀립니다. 반면, 자고 싶어도 좀처럼 잠들지 않는 사람은 일어나서도 피로가 풀리지 않아서 일이나 공부에 의욕이 붙지 않고 몸도 마음도 무거워집니다.

잘 잠들지 못하는 데는 여러 이유가 있겠지만, 일하는 사람 대부분이 자기 전에 자신도 모르게 싫은 일을 떠올리고 생각합니다. 그리고 그런 일을 생각하면 아무리 시간이 지나도 신경이 쓰여 잠들 수 없고, 설령 잠들었다고 해도 숙면을 취할 수 없습니다.

잠이 오지 않는다고 컴퓨터나 스마트폰을 보는 사람도 많은 듯싶지만, 이런 행동은 머리를 집중시켜 더욱더 잠들기 힘든 상태를 만들어버립니다.

잠자리에 들었다면 싫은 일들은 머릿속에서 접어놓기 바랍니다.

그리고 좋은 것만 떠올릴 수 있도록 하기 바랍니다.

예를 들어, 그날 고객에게 클레임을 받아 대응하느라 애를 먹었다고 합시다.

'아, 힘들었어. 난 역시 접객에 맞지 않아.'

이렇게 부정적으로 끙끙대면, 아무리 시간이 흘러도 계속 이불 속에서 시간만 낭비하는 꼴이 됩니다.

그러지 말고 다음과 같이 긍정적으로 생각하도록 합시다.

'클레임은 고객 서비스를 재검토하는 기회다. 나 오늘 성장했어.'

자기 전에 뇌에 플러스가 되는 이미지를 주면 알파파가 나옵니다. 그리고 알파파는 잠재의식에 좋은 영향을 가져다주기 때문에 질 좋은 수면을 취할 수 있게 됩니다.

잠은 몸의 피로를 푸는 것뿐만 아니라 스트레스를 해소하거나, 뇌 속의 지식이나 기억을 정리하는 행위이기도 합니다. 수면이 부족하면 심신의 피로가 쌓이는 것에 더해, 머리 회전이 둔해지고 일의 능률도 저하됩니다.

그를 위해서라도 잠자리에 들었다면 좋은 것만 생각하도록 합시다.

인생의 상당 부분을 차지하는 수면 시간의 가치도 높이자.

자연 리듬에 따라 먹고 자고

환갑을 맞았지만 저는 건강검진에서는 항상 우등생입니다. 노안의 조짐도 보이지 않고 많은 고령자가 앓는다는 '무릎 관절통'과 '요통'도 없습니다. 입원 경험도 없으며 눈에 띄는 기미나 주름도 없다고 하면…… 특별히 건강 관리를 한다고 생각하겠지요. 하지만 이렇다 할 관리는 하고 있지 않습니다.

굳이 말하자면 '**19시 취침, 오전 2시 기상**'인 7시간 수면과 '**저녁을 거르고, 점심이 메인인 식생활**'에 관계있다고 생각합니다.

단지 이는 제게 맞는 방법으로 여러분에게 적합하다고 보장하지는 못합니다. 어디까지나 참고로 하기 바랍니다.

'19시 취침, 오전 2시 기상'이라고 하면 "특이하네요"라고 소리를 듣는 경우가 있지만, 해 질 무렵인 19시에 잠자리에 드는 것은 자연 흐름에 맞는 수면 형태입니다. 몸에 무리가 가지 않는 선에서 제게는 최고의 수면 시간입니다.

잘 때는 휴대폰을 꺼서 정보 소스를 차단하고, 조명을 끄고 차광 커텐으로 바깥의 빛을 차단해 수면 환경을 만듭니다. 그리고 침대에 누우면 바로 잠들어 7시간 숙면. 저절로 오전 2시에 눈이 떠집니다.

그때부터 자는 사람도 있는 시간에 일어나는 건, **누구보다 빨리 그날을 살고 시간의 주도권을 잡기 위해서입니다.** 세계를 지배하는 듯한 느낌도 들어 기분이 좋아집니다. 그 기세 그대로 스트레칭하여 몸에 활기를 불어넣으면서 하루가 시작됩니다.

메일 체크로 시작해 원고 집필, 서류 정리, 기획서 작성 등. 오전 7시에 '홈메이드 요거트와 꿀에 절인 땅콩'으로 가볍게 아침을 먹고 오전 11시까지 그날 해야 할 일을 정리해 놓습니다.

이런 것들이 심신에 여유를 가져오고 성취감을 느끼게 해서 건강에도 기여하고 있다고 생각합니다.

해야 할 일을 마무리하면 애견과 해안까지 산책하거나 방파제에서 바다낚시를 하거나, 도시락을 만들어 근처의 하이킹

코스에 나가거나 하여 몸을 움직입니다.

양배추식초절임이나 유산균 음료, 요거트 등 수제 발효식품을 만들거나 목 염증과 감기 예방에 좋은 '무 절편(무를 꿀에 절인 요리)'과 낚시로 얻은 전갱이나 정어리로 건어물을 만들거나 해서 식생활을 다채롭게 할 건강식을 만듭니다.

그리고 14시 점심에 무엇보다 신경을 많이 씁니다. '현미밥, 건더기가 듬뿍 들어간 된장국, 채소 무침, 절임 음식, 생선 구이나 조림'이 기본.

뿌리채소는 껍질 채 큼지막하게 썰고 브로콜리나 콜리플라워는 줄기도 사용합니다. 생선은 한 마리를 사서 손질하고 뼈나 껍질, 눈 주변 등 짜투리로 불리는 부분까지 남김없이 요리에 씁니다.

현미밥을 먹고 채소를 껍질 채 큼지막하게 써는 것은 한 번에 30번씩 씹기를 실천하기 위해서입니다.

저작(咀嚼)은 턱을 써서 뇌에도 자극을 주고 소화 흡수를 좋게 하며, 재료의 맛이나 영양분도 남김없이 즐길 수 있고 동시에 섭취할 수 있게 해줍니다.

또한 수제 발효식품은 장을 활성화해 건강에 도움이 됩니다.

이런 식생활을 30년째 계속한 덕분에 기억력과 집중력은 20대 때보다 좋은 상태이고, 장이 깨끗해서 피부 트러블이나 기미, 주름도 머나먼 이야기입니다. 피부 연령은 30대라고 자신할 수 있습니다.

이렇게 충실하게 점심을 먹고 있기 때문에 저녁은 땡기지 않습니다. 몸이 원하지 않기 때문에 저녁을 먹는 일은 없습니다.

그 결과 무리하지 않고도 체중과 체지방이 줄고, 혈압이나 혈당치는 정상입니다. 이상하게도 컴퓨터 앞에서 눈을 혹사시키는 집필을 하는데도 노안과 근시의 조짐도 보이지 않습니다.

물론 여러분에게는 각자의 일과 생활 습관이 있어서 이런 라이프스타일을 그대로 받아들이는 건 어려울 것입니다.

그래도 자연 리듬에 기반한 수면, 저작과 발효식품을 의식한 식생활, 저녁은 꼭 먹어야 한다는 생각을 버리는 건, 한 번쯤 생각해보면 좋을 것 같습니다.

식사와 수면으로 심신의 '노화'에서 벗어난다.

나에게 맞는
골든타임 찾기

앞서 저는 오전 2시에 기상한다고 이야기했습니다.

그 이유 중 하나는 시간의 주도권을 잡아 세계를 지배하는 듯한 느낌에 기분이 좋아지기 때문입니다. 그 기세를 이어가면 모든 행동이 순조롭게 굴러갑니다.

늦은 밤 2시에는 찾아오는 사람도 없고, 회사 업무가 시작되는 아침 9시에 맞춰 휴대폰 전원을 켤 때까지 외부에서 연락도 오지 않기 때문에, 조용한 가운데 집중해서 일할 수 있습니다.

그 결과 일반 기업의 업무가 시작될 즈음, 그날 해야 할 일의 대부분을 완료한 상태가 됩니다.

일은 고요할 때 정리한다.

효율적이면서 의욕적으로 일을 진행하기 위한 신조입니다.

원고 집필의 경우, 칼럼을 낮에 쓰려고 하면 전화, 택배, 메일, 동네 소음에 영향받아 정신이 분산되어 2시간은 걸립니다.

하지만 오전 2시에 시작하면 30분이면 끝낼 수 있습니다.

4분의 1시간으로 일을 마칠 수 있으니, 남은 시간에 떠오르는 단어를 메모하며 독서하거나 요리하는 등의 평소 루틴도 행할 수 있습니다.

이는 시간을 효율적으로 쓸 수 있는 데다 기분 전환이 되고 다음 업무를 의욕적으로 할 수 있는 힘이 됩니다.

이렇게 말하는 저도 34세까지는 오전 2시에 잠자리에 들고 아침 7시에 일어나는 라이프스타일을 갖고 있었습니다.

지금과는 정반대의 '저녁형 인간'으로 수면 시간은 5시간 정도였습니다. 항상 피로와 탈진한 듯한 기분을 느꼈습니다.

돌이켜보면 체력적으로 무리했을 뿐 아니라, 그저 일하는 '그레이존(Gray zone, 이도 저도 아닌 어중간한 상태) 시간'이 많았던 것입니다.

열심히 일하고 있는 듯싶었지만, 자랑할 만큼 제대로 시간을 보내지 못했습니다. 그럼에도 성과가 좋았던 것은 전 세계가 호경기였던 덕인지 모르겠습니다.

하지만 그런 운이 통하는 데도 한계가 있었습니다. 안면 신경통, 스트레스로 인한 탈모, 어깨 결림과 요통, 짜증 등 원인 모를 고통이 연달아 닥쳐왔습니다.

이런 상태가 계속되면, 저도 경영하는 회사도 무너져버릴 것 같았습니다.

그래서 라이프스타일을 서서히 아침형으로 바꿨습니다.

처음에는 21시 취침, 아침 4시 기상.

하지만 아침 4시에 기상해도 주변은 이미 밝았고 잡음도 들리기 때문에, 시간의 주도권을 잡았다는 기분이 들지 않았습니다. 그래서 취침 시간을 앞으로 당겨서, 현재의 오전 2시 기상에 안착한 것입니다.

오전 2시에 일어나면 여름이어도 주변이 밝아지기까지 2시간이 있습니다. 적어도 **2시간 동안 고요한 가운데 집중해서 일을 할 수 있습니다.** 이 2시간은 제게 '골든타임'이라 할 수 있습니다.

'성공한 사람은 일찍 일어난다' '아침형 인간이 성공한다'라는 사고방식은 세상에 많습니다. 확률적으로 그렇다고는 생각하지만…….

아침 일찍 일어나서 어떤 메리트를 얻고 싶은가?
아침 일찍 일어나서 무엇을 하는가?

자기 나름의 지침이 없으면 형태로만 끝나고 맙니다.
부디 여러분에게 맞는 최적의 수면 스타일을 찾기 바랍니다.

일은 '골든타임'에 처리한다.

눈만 감아도
휴식이 된다

수면 스타일을 정했어도 생각대로 되지 않을 때가 있습니다. 접대나 회식 등으로 저녁에 클라이언트와 만날 일도 많을 테고, 개인적인 식사 자리나 취미로 저녁 시간을 보내는 경우도 있을 것입니다.

'19시에 취침하기로 정했기 때문에 여기서 실례하겠습니다'라고 농담 섞어 이야기해도 웃음을 불러일으킬 뿐 자리에서 일어날 수는 없겠죠. 그렇다면 어떻게 할까요.

'수면 스타일이 어긋났을 때는, 브레이크 시간을 가진다'입니다.

'19시 취침, 새벽 2시 기상'의 수면 스타일이라면, 일이나 모임 때문에 취침이 23시로 됐더라도 기상 시간은 늦추지 않고 그대로 오전 2시로 합니다. 기껏 몸에 익힌 기상 시간이므로 무너뜨리지 않아야 좋습니다.

아침 일찍 일어났기에 시간의 주도권을 잡을 수 있고, 세계를 지배하는 듯한 기분은 반복돼 확고한 것이 됩니다.

계속 이어간다면, 집중력도 순발력도 월등하게 오르기 때문에 남의 영향을 받지 않는 '기상 시간'은 바꾸지 않는 것이 현명합니다.

그렇다 해도 수면 시간이 부족하면 졸음에 시달리겠지요.

그럴 때는 회사원이라면 점심시간을 이용해 조금이라도 수면=브레이크 시간을 갖는 것을 권합니다.

조용한 카페나 만화방에서 간단히 식사한 뒤 남은 시간에 수면을 취합니다. 저의 경우, 수면 스타일이 어그러져서 밖에서 졸음이 몰려오면 그렇게 합니다.

프리랜서나 자영업자는 일의 한 단락이 끝나면 타이머를 맞춘 뒤 15분 혹은 30분간 수면을 취합니다.

눈만 감고 있어도 괜찮으니 휴식을 취합시다.

다만 이는 피로감을 일시적으로 해소해주는 대책일 뿐, 부족한 수면 시간을 보충하는 것은 아닙니다.

그러니까 7시간 수면을 취하는 사람이 4시간밖에 자지 못했다고 해서, 나머지 3시간을 분할해서 자라는 뜻은 아닙니다.

그렇게 하면 업무 시간이 줄어들 뿐 아니라, 프리랜서여도 주변 사람에게 나태하다는 인상을 갖게 합니다.

남에게 뭐라 이야기 들을 처지가 아니어도 게으름 피우고 있다는 느낌을 스스로 지울 수 없어 힘들 것입니다.

이런 점을 이해하여 '수면 스타일이 무너졌을 때는 여러 번 나눠 만회한다'를 실천하기 바랍니다.

눈만 감고 있어도 OK. 휴식 시간을 갖는다.

아침부터
맑은 정신 만들기

시간을 유용하게 활용하기 위해서는 무슨 일이든 '바로 행동한다'가 기본입니다. 어떤 일이든 시간이 흐르면 흐를수록 귀찮아져서 시간 효율이 나빠지기 때문입니다.

그러나 어떻게 해도 엔진이 걸리지 않을 때가 있는데, 특히 아침에 자주 그렇습니다.

'잘 일어나지 못해서' '저기압이라 아침이 힘들다'는 분이 매우 많습니다. 실은 저도 아침이 매우 힘든 사람이었습니다.

하지만 지금은 다릅니다. 힘들었던 것은 과거의 일이고 현재는 기상 시간에 눈이 저절로 떠지고, 일어나 바로 행동하는 것도 어렵지 않습니다. 덕분에 아침부터 맑은 정신으로 일을 후딱후딱 해낼 수 있습니다.

아침이 힘들었던 제가 어떻게 이렇게 변할 수 있었을까요. 이 수수께끼를 풀어줄 키워드는 '두유 코코아' '끝나지 않는 노래' '흔들흔들'입니다.

무슨 이야기일까요? 하나씩 설명해보겠습니다.

① **두유 코코아**

위 속은 밤새 텅 비어 있습니다. 즉, 아침에 일어나면 몸도 머리도 영양부족 상태입니다. 그러니 아침을 먹지 않으면 머리가 움직일 리 없습니다.

그래도 도저히 시간이 나지 않거나 식욕이 없을 때가 있습니다. 그럴 때 좋은 것이 '두유 코코아'입니다.

두유의 원료인 대두에는 뇌와 신경계의 움직임을 활성화시켜서 기억력과 집중력을 강화하는 레시틴이 포함돼 있습니다. 또한 코코아는 기분을 업시키는 페닐에틸아민의 분비를 도와주는 카카오 폴리페놀이 주성분이라 의욕이 생겨납니다.

이 두 가지를 혼합한 두유 코코아를 마시면, 가볍게 일어날 수 있을 뿐 아니라 뇌의 움직임이 활발해져 아침부터 힘을 낼 수 있습니다.

② **끝나지 않는 노래**

피로가 해소되지 않아 아침에 잘 일어나지 못할 때는 음악을 들읍시다. 알람 소리에 마지못해 일어나는 것보다 좋은 분위기에서 기상할 수 있습니다. 추천곡은 유즈(1997년에 데뷔한 요코하마 출신 남성 듀오 - 옮긴이)의 〈끝나지 않는 노래(終わらない歌)〉입니다.

③ **흔들흔들**

몸과 머리의 밸런스를 잡는 것이 중요하다는 것은 앞서 말했지만, 아침에 일어나 멍한 머리를 깨우고 싶다면 머리보다 먼저 몸을 활성화하는 것도 하나의 방법입니다.

저는 아침에 머리가 멍할 때는 〈록키 테마곡〉처럼 승부욕이 느껴지는 곡을 들으며, 일어난 자리에서 흔들흔들 살짝 땀 날 정도로 10분 정도 자유롭게 몸을 움직입니다.

팔을 올리거나 허리를 돌리거나 다리를 쭉 뻗어보거나 상관없습니다. 이렇게 몸을 움직이면서 혈액순환을 좋게 해 뇌의 움직임을 활성화시키는 것입니다. 그 후, 뜨거운 물로 샤워하며 땀을 씻어내는 것이 저의 습관입니다.

이것만으로 이른 아침부터 상쾌한 머리와 몸 상태를 가질 수 있습니다.

이 세 가지를 실천하고 나서, 아침에 의욕이 일지 않아 힘들었던 것이 거짓말처럼 개선되었습니다.

아침이 힘든 사람은 이 세 가지를 우선 일주일 동안 실천해보기 바랍니다. 일주일 계속할 수 있으면 괜찮습니다. 여러분도 아침부터 풀 스피드로 행동할 수 있는 사람으로 변신하고 있는 것입니다.

타임 매니지먼트로 잘 일어나자!

슬럼프를 극복하는
3가지 방법

사람은 누구나 항상 같은 컨디션을 유지할 수는 없습니다. 크기는 제각각이겠지만 사람에게는 '컨디션의 파도'가 있습니다. 그리고 컨디션이 나빠지면 그 사람의 작업 능률이 떨어집니다.

반대로 컨디션이 좋을 때는 머리 회전도 일 처리도 빨라집니다. 하지만 한번 컨디션이 나빠지면 생기를 잃어 무엇을 해도 시간 능률이 나빠집니다. 초조해진 나머지 실수가 실수를 부르고 일의 능률은 떨어지기 십상입니다.

'주눅들다. 기가 죽다. 슬럼프에 빠지다.'

이런 '나쁜 상태'에 빠졌을 때 재빨리 자신의 멘털을 개선시킬 방법을 알아둘 필요가 있습니다.

여기서 세 가지를 소개하겠습니다.

① 형태부터 긍정적으로 가지자

뭔가에 실패한 것이 원인이 되어 슬럼프에 빠진다는 것은 자주 듣는 이야기입니다.

하지만 실패한다는 것은 결코 창피한 일이 아닙니다. 중요한 건 오히려 실패한 이후의 대처입니다.

'뭘 해도 잘될 것 같지 않아.'

실패하면 자꾸만 부정적으로 생각하게 됩니다. 예를 들면 실패의 원인을 남의 탓으로 돌리거나 자신의 능력과 실력을 비관적으로 보게 됩니다. 이는 실패를 자기 스스로 더욱 크게 만들어버리고 마는 것입니다.

'인과응보'라는 말이 있습니다. 좋은 일을 하면 좋은 결과가 나오고, 나쁜 일을 하면 나쁜 결과가 나온다는 사고방식입니다. 즉, 실패에서 벗어나지 못한 채 자신은 이제 안 된다고 자포자기하고 있다면, 더더욱 가망이 없어지고 기회도 놓쳐버리게 됩니다.

실패에 연연하지 않기 위해서라면 무리해서라도 긍정적인 사고방식을 가지는 것이 중요합니다. 형태부터 긍적적으로 생각하면 알맹이도 긍정적으로 변해갑니다.

예를 들면, 말의 사용에도 주의를 기울입니다.

'안 돼'가 아닌 '괜찮아'.
'힘들겠어'가 아닌 '어떻게든 돼'.

말은 사용 방식에 따라 사람의 마음을 밝게도 하고 어둡게도 합니다. 인생을 좌우할 정도로 큰 힘이 있습니다. 그래서 말이라는 형태부터 긍정적으로 가지면 자신의 부정적인 멘털 또한 긍정적인 방향으로 바꿀 수 있습니다.

또한 비슷한 형태에서 접근하는 방법으로, 웃는 얼굴을 통해 멘털을 정돈하는 방법도 있습니다. 웃는 얼굴은 보통 자연스럽게 나오는 것이지만 연습해서 의도적으로 하는 것입니다.

저도 나무젓가락을 입에 물고 거울 앞에서 웃는 얼굴을 연습했습니다. 나무젓가락을 빼도 미소가 유지된다면 OK입니다. 이렇게 미소를 만들 수 있게 되면 내면의 마음도 밝아지니 참으로 이상한 일입니다.

웃는 얼굴로 긍정적인 단어를 사용하면 주위 사람의 반응도 달라집니다.

"오늘 컨디션 좋아 보이네요."

"활기차네요"

이처럼 말을 걸어옵니다. 처음에는 무리해서 만든 미소도 진짜가 되고, 잘나가는 사람이란 이미지를 갖게 됩니다. 주변에도 그런 사람이 모이게 됩니다. 여기까지 오면 슬럼프 탈출은 순식간입니다.

② **눈앞의 잘하는 것부터 시작하라**

실패가 계속되거나 슬럼프에 빠졌을 때 과도하게 심각해져 '빠르게 몰아붙이는 일' '중대한 업무'를 하려는 것은 신중히 생각해야 합니다. 그보다 오히려 작고 금세 할 수 있는 일, 눈앞에 있는 과제 중에서도 확실히 할 수 있는 것, 잘하는 것부터 먼저 해가는 것이 슬럼프에서 재빨리 나오는 데 효과적입니다.

영업하는 사람이라면, 어려운 상대보다 자신에게 호의적인 사람부터 만납니다. 새로운 거래처 발굴보다도 현재 거래하고 있는 곳을 돌아봅시다. 상품을 기획하는 사람이라면, 신상품 기획서를 작성하는 것보다도 쌓인 기획서 정리를 합시다.

이렇게 확실히 할 수 있는 것을 해나가는 것으로 '할 수 있는 자신'을 발견하는 것입니다. '작은 성공'을 쌓아가면 불안은 점점 줄고 자신감은 되살아납니다. 업무가 순서대로 정리되면 기분도 밝아지기 때문에 다음 일을 할 때도 기세가 붙어 점점 순조롭게 풀리게 됩니다.

③ 사람에게 받은 상처는 사람에게 치유받자

좀처럼 극복하지 못하는 것이 사람에게 상처받았을 때입니다. 일하다가 빠진 슬럼프나 실수라면 기분 전환으로 해결할 수 있지만, 타인이 관계된 일이라면 혼자서 해결할 수 없습니다.

사람에게 상처받았을 때는 사람에게 치유받는 것이 효과적입니다.

이때까지 저도 보통 사람만큼의 힘든 일을 경험했습니다. 일과 얽힌 인간관계가 꼬여버린 일도 여러 번 있습니다.

자주 일어난 일이 오래 알고 지낸 사람이나 대를 이어 운영하는 거래처·납품업자와의 관계 악화입니다. 저는 관습이나 관행을 좋아하지 않기 때문에 새로운 사장이 취임하면 매번 관계 전반을 재검토하려 했지만 그때마다 불화와 갈등이 있었습니다. 공정하게 가격을 산정해 견적을 뽑아도 '선대는 그러지 않았다'라는 말만 들었습니다.

마지막에는 "경영이 악화됐대" "사업을 그만둔다나 봐" 등 업계에 이상한 소문까지 퍼졌습니다. 마침 한 도시 은행의 부도와도 시기가 겹쳐서 소문을 믿은 한 납품업자는 '망하기 전에 상품을 내달라'고 제게 직접 담판을 걸어온 적도 있습니다.

일일이 설명하는 시간, 수고, 비용도 만만치 않았지만 무엇보다 정신적으로 힘들었습니다. 시간이 아무리 흘러도 벗어나지 못할 것 같을 정도로 충격이었습니다.

하지만 저는 경영자였고 거기서 위축돼 있으면 안 되는 상황이었습니다.

그럴 때 저는 저를 이해해줄 만한 사람에게 전화를 걸었습니다. 당시에는 IT계 비즈니스 분야의 재능 있는 젊은 경영자에게 자주 상담했습니다.

"비싸게 부르는 업자와 관계를 끊는 건 당연해."

"응원할게."

그런 사람들이 제게 이런 이야기를 해줬기에 재빨리 일어날 수 있었음을 지금도 기억합니다.

사람에게 상처받았다면 사람에게 치유받는 것이 가장 좋습니다.

기분을 전환하는 것이 유의미한 시간을 늘린다.

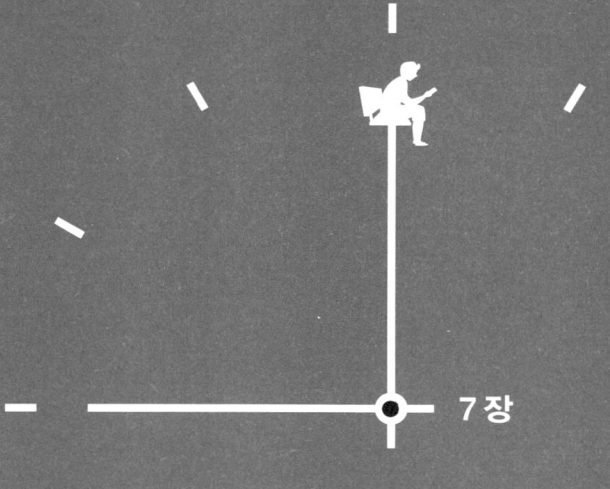

7장

일 잘하는 사람의
시간 활용법

작은 아이디어로
큰 효과를 보다

시간 부자는
왜 손목시계를 찰까?

 스마트폰에 시계 기능이 있기 때문에 최근에는 손목시계를 하지 않는 경우가 늘고 있습니다. 하지만 시간 부자가 되기 위해서는 손목시계를 착용할 것을 권합니다. 그것 하나로도 큰 차이가 발생하기 때문입니다.
 왜 손목시계를 착용하는 것이 시간 부자로 이어질까요? 시간 감각을 몸에 익힐 수 있기 때문입니다.
 시간을 확인하기 위해 매번 가방이나 주머니에서 휴대폰을 꺼내는 건 귀찮은 일입니다. 반면, 손목시계는 아주 잠깐만 시선을 돌리고 손목을 움직이면 몇 번이나 시간을 확인할 수 있습니다.

말하자면, 손목시계도 휴대폰도 똑같이 시간을 확인할 수 있지만 '시간과 마주치는 기회'는 전자가 후자에 비해 압도적으로 많습니다.

그리고 시간과 마주치는 기회가 많을수록 어떤 감각이 길러집니다.

체내 시간 감각이 단련돼갑니다.
체내 시계가 더 정확해지는 것입니다.

이것은 시간 부자가 되기 위해서는 빼놓을 수 없는 감각입니다.

예를 들어, 저는 대개 일을 30분에서 1시간 단위로 진행하는 경우가 많은데 몸에 시간 감각을 익혀놓으면 굳이 시간을 확인하지 않아도 '이제 본론으로 들어가야지'라든가 '여기서는 이 이야기를 하자'라는 순서가 자연스레 몸에 뱁니다.

공인중개사 자격증 공부를 했을 때는 시험에 맞춰 다음과 같이 세세하게 시간 감각을 몸에 새겼습니다.

'한 문제 푸는 데 걸리는 시간은 3분.'
'검토 시간은 1분.'

이렇게 하면면 시간을 신경 쓰지 않고도 눈앞의 문제에 집중할 수 있습니다. 물론 시간 배분에 실패해 종료 시간에 허둥대는 우를 범하지 않고 마쳤습니다.

**지각하거나 마감을 지키지 못하는 사람은
시간 감각이 조금 어긋나 있습니다.**

'이 정도 거리를 걷기에는 이 정도 시간이 걸리겠지.'
'이 정도 시간이 있으면 일을 마무리할 수 있겠지.'
사람은 무슨 일을 하든 예상되는 시간을 생각하게 됩니다. 하지만 시간 감각이 어긋나 있으면 예상 감각이 작동하지 않아 지각이나 마감이 겹치는 일이 발생합니다.

시간 감각을 갈고닦습니다. 그러기 위해 시간을 자주 봅니다. 그러기 위해 손목시계를 착용합니다.

이를 의식하는 것만으로 시간 관념이 정확한 사람으로 한 걸음 다가설 수 있습니다.

그리고 손목시계를 착용한다면 디지털시계보다도 아날로그 시계가 좋습니다. 디지털시계는 특정 시간을 확인하기에는 편리하지만 시간 감각을 갖추기에는 적합하지 않기 때문입니다.

우리가 손목시계를 보는 것은 특정 시점의 시간만을 확인하기 위해서가 아닙니다. 1시간 후 회의가 있다거나 그 작업은 10분이면 완료된다거나 하는, 시간을 양으로 파악하기 위해 시계를 봅니다.

그 점에서 디지털시계는 머릿속으로 계산하지 않으면 답이 나오지 않습니다. 한편, 아날로그시계라면 순간적으로 시간을 계산하는 게 가능합니다. 시침과 분침의 움직임을 도형으로 파악할 수 있기 때문입니다.

어떤 일이든 도형으로 파악하는 쪽이 머리 속에 바로 들어옵니다.

여담이지만 저는 중요한 비즈니스 상담 때는 전파시계를 찹니다. 전파시계란 시각이 절대 어긋나지 않는 시계입니다.

제가 왜 전파시계에 집착하는 걸까요. 과학적인 이야기는 아니지만 이 시계를 차면 기분 탓인 것 같지만 저의 신체 시계도 째깍째깍 소리를 내는 기분이 듭니다(몇몇 지인에게 물어보니, 의외로 같은 의견을 가진 사람이 많았던 것도 사실입니다).

시간의 양적 감각을 갖출 수 있는 아날로그시계가 좋다.

쓸데없이 망설이는
시간을 줄이는 패턴화

점심시간에 레스토랑에 들어간다, 퇴근 후 카페에 들른다, 이렇듯 평범한 행동에도 실은 낭비되는 시간이 있습니다.

이걸로 할까 저걸로 할까 한참 망설이다, 결국 친구와 같은 걸 주문한다. 혹은 항상 커피를 마시니까 가끔은 다른 걸 마셔볼까 싶어 메뉴를 훑어보다, 결국 커피를 주문한다. 이런 경험은 누구에게나 있을 것입니다. 휴일은 그렇다 치더라도 직장에서 점심시간이나 저녁 겸 비즈니스 상담 자리에서 무얼 고를지 몰라 망설이는 것은 귀중한 시간 손실이라는 것.

저는 점심에 무얼 먹을지 고민하는 일이 없습니다. 언제, 무엇을 먹을지 대충이지만 패턴화하고 있기 때문입니다. 경영자로 일할 때 월·수·금 점심은 현미 정식을 배달시켜서 건강하게 먹고, 화·목·토는 직접 만든 도시락을 먹었습니다. 일요일은 좋아하는 레스토랑에서 조금 사치를 부렸지요.

일이든 사람 관계든 개인적 일이든 할 수 있는 한 행동을 '패턴화'하고 있습니다.

강연할 때는 남색이나 옅은 핑크색 정장, 컨설턴트 업무를 할 때는 갈색이나 검정색 정장. 남성 독자라면 와이셔츠, 넥타이 정도만 패턴화해두면 아침 준비가 수월해집니다.

메일상에서의 서명은 '처음 보는 사람' '얼굴만 아는 사람' '오랜 사이' 등 세 가지 패턴으로 구분해 사용합니다.

이러한 패턴화는 여러 분야에서 빨리 실행할수록 '쓸모없는 망설임의 시간'을 없앨 수 있습니다. 일상생활에서 패턴화할 수 있는 것이 있다면 망설이지 말고 해보기 바랍니다. 단, 매일 똑같은 것만으로 정해진 '원 패턴'은 자신도 주변도 빈약하게 하고 매너리즘 상태에 빠지기 쉬우므로 권장하지 않습니다.

머리와 시간을 중요한 곳에 쓰기 위해 다른 것은 패턴화하자.

책상 위의 동선을
다시 짜본다

제가 생각하는 가장 큰 시간 낭비는, 물건을 찾는 데 걸리는 시간입니다.

뭔가를 찾는 시간은 생산성이라고는 한 조각도 찾아볼 수 없는 시간입니다. 게다가 찾는 물건이 보이지 않으면 짜증이 나고 정신적으로도 좋지 않습니다. 그런 상태로 1시간이 훌쩍 지나버리는 경우도 있습니다.

심지어 평소라면 금방 시작할 수 있는 일도 물건을 찾다 짜증이 나면 집중력이 저하되고, 시간 능률 또한 악화될 위험이 있습니다.

시간을 잘 쓰기 위해서는 시간의 큰 적인 물건 찾는 시간을 박멸할 필요가 있습니다. 그리고 물건 찾는 행위를 하지 않으려면 기본적이지만 평소에 정리 정돈을 해두는 것이 중요합니다.

단, 정리 정돈이 너무 과하면 그것에만 집착하기 십상입니다. 이는 곧 '확실히 정돈' '빈틈없이 정리' 하는 데 시간을 낭비하는 것이기에 본말전도가 돼 버립니다.

사용한 물건은 반드시 원래 자리에 놓는다.

정리 정돈이 어려운 사람은 우선 이것부터 실천해보면 어떨까요.

또한 책상 위의 업무가 많을 경우 물건의 배치를 조금 궁리하는 것으로 낭비하는 시간을 줄일 수 있습니다.

예를 들면 자주 쓰는 문구나 전화, 전표 등은 손 동선에 방해가 없도록 놓아둡니다. 이후 몇천 번은 사용할 것을 생각하면 이것만으로도 상당한 시간이 절약됩니다.

저는 오른손잡이기 때문에 전화는 왼쪽에 두고 오른쪽에는 펜과 메모장을 놔둡니다. 이렇게 해두면, 전화가 울릴 때 왼손으로 받고 오른손으로 펜을 쥐고 바로 옆에 둔 메모장을 펼치는 식으로 자연스러운 흐름 속에 작업이 가능해집니다.

또한 파일이나 업무로 자주 쓰는 서류는 손을 뻗지 않아도 닿을 수 있는 거리에, 사용 빈도가 높은 순으로 오른쪽에서 왼쪽으로 늘어놓습니다. 이렇게 하면, 물건을 찾을 때마다 시간을 낭비하거나 무리한 움직임 없이 효율적으로 일할 수 있습니다.

그리고 데스크 업무를 하고 있으면 자꾸 메일을 체크하거나 전화하기 마련인데, 이 또한 꽤나 시간이 소요됩니다. 그때마다 사고는 중단되므로 시간 능률은 급격히 떨어집니다.

그래서 저는 메일 체크나 전화 같은 업무는 시간을 정해서 그 사이에 모아서 하고 있습니다.

시간 빈곤자일수록 책상 위가 지저분하다.

5분 틈새 시간
활용하기

하던 일이 빨리 끝났거나 손님이 생각보다 일찍 돌아가면 5~10분 자투리 시간이 생깁니다. 자주 하는 이야기지만 이런 틈새 시간을 얼마나 유용하게 활용할 수 있는지가 시간 부자와 시간 빈곤자의 차이를 만듭니다. 하지만 의외로 이 틈새 시간을 유용하게 쓰지 못하는 사람이 많습니다.

왜일까요. 이유는 간단합니다.

5분, 10분에 무엇을 할 수 있는지
무엇을 해야 할지 모른다.

예를 들어 10분 정도 시간이 비었다고 합시다. 시간을 허투로 보내면 안 되겠다 생각해서, 그 자리에서 즉흥적으로 신입사원과 커뮤니케이션을 취해보기로 합니다. 하지만 막 이야기를 시작했는데 시간이 돼서 결국 이도 저도 아니게 돼버립니다.

이렇게 해서는 틈새 시간을 유용하게 이용했다고 할 수 없습니다. 10분밖에 되지 않는 시간이지만 서로 알맹이도 없는 밀도 낮은 시간을 보내버린 것입니다.

이런 사태를 방지하기 위해 저는 틈새 시간에 무엇을 할지 사전에 리스트업해둡니다. 바로 '틈새 시간 리스트'입니다. 시간 길이에 따라 무엇을 할 수 있을지, 무엇을 해야 할지를 미리 정해놓으면 갑작스러운 순간에도 제한된 시간을 유용하게 쓸 수 있습니다.

예를 들어, 저의 틈새 시간 리스트는 아래와 같습니다.

① 5분

- **메일 체크나 전화 업무**

메일 체크는 하루 2번, 업무 시작과 끝 시점에 하도록 정해놓고 있는데, 5분 정도의 시간이 생기면 급한 연락이 와 있는지 확인합니다. 회신이 필요한 경우, 문장을 생각해서 메일 쓰기에 5분은 부족하기 때문에 그 자리에서 바로 전화를 걸도록 합니다.

또한 한동안 연락이 뜸했던 고객이나 친구에게 하는 전화도 5분의 틈새 시간을 씁니다. 이때 이야기가 길어지지 않도록 휴대폰에 타이머 기능을 설정해놓고 전화를 겁니다.

• **캐치프레이즈나 상품명 등을 써놓는다**

키워드를 생각나는 대로 노트에 써놓습니다. 날짜, 시간을 키워드 한쪽 구석에 써놓는 것이 포인트입니다. 이렇게 해두면 나중에 다시 봤을 때 어떤 상황에서 생각한 키워드인지 떠올리기 쉬워집니다.

• **영업 대화 시뮬레이션**

주거래처를 방문하기 전에, 어떤 말로 이야기를 시작할지 상대는 어떤 질문을 해올지 등을 미리 생각하여 실제로 소리내봅니다.

주거래처에서 이야기가 잘될지 어떨지는 초반 3분으로 승패가 갈립니다. 상대가 호감을 갖고 응대해줄 수 있도록, 인사와 말하는 방식 등 첫마디가 순조롭게 나올 수 있도록 연습합니다. 사람 앞에서 긴장을 잘하는 제게는 매우 유용한 틈새 시간 활용법입니다.

- **신문이나 잡지의 신상품 정보, 트렌드 정보를 체크**

신문을 느긋이 보면 제 경우는 30분 정도가 걸립니다. 하지만 포인트만 추려서 보면 5분 정도로 정보를 얻을 수 있습니다.

저의 경우, 상품 개발이나 PR 지식을 위해 현재의 유행을 파악하는 것이 필수적입니다. 그래서 신문과 잡지는 신상품 정보나 트렌드를 중심으로 체크합니다. 특히 마음에 든 정보는 그 자리에서 오려내 날짜를 써서 보관합니다.

② 10분

- **인사장이나 답례 편지를 쓴다**

미니 편지라면 10분 안에 3통 정도를 쓸 수 있습니다. 보통은 컴퓨터로 쓰지만 처음 만나는 사람이나 윗사람에게 보내는 답례장, 생일 카드 등의 경우에는 자필로 쓰려고 합니다. 이렇게 하는 편이 특별하다는 느낌을 전해서 상대도 기뻐하기 때문입니다.

- **체조나 스트레칭을 한다**

업무 중 10분 정도의 틈새 시간이 있으면 기분 전환 의미로 가볍게 체조를 합니다. 장시간 컴퓨터 앞에 앉아 있거나 자료 작성에 눈과 손을 혹사하면 집중력도 끊기기 마련입니다. 2시간

같은 자세로 일했다면, 10분 정도 체조한 뒤 다음 일을 하는 식으로 시간을 컨트롤하고 있습니다.

• **영어 회화 연습이나 모르는 단어를 찾아본다**

10분 정도 있으면 영어 회화 연습이나 평소 신경이 쓰였던 이해되지 않는 단어를 검색하려 합니다. 시간을 정해두고 공부하는 것도 필요하지만 바쁜 사람은 틈새 시간도 괜찮으니 공부하는 습관을 갖는 게 중요합니다.

"○○분 있으면 ○○할 수 있어"라는 의식이
틈새 시간을 유용하게 활용할 수 있는 열쇠.

그 자리에서만
할 수 있는 일

앞에서 '틈새 시간 리스트'를 만들어서 5분, 10분을 활용하는 것을 권했습니다.

하지만 잠깐 생각해봅시다.

'틈새 시간을 활용하지 않으면 안 된다'는 규약이 회사 전체에 생겼다고 합시다. 지키지 않으면 승진이나 임금 인상이 없어지고, 최악의 경우 해고된다면……. 누구나 압박을 느껴 필사적으로 틈새 시간에 할 수 있는 것을 찾을 것입니다.

하지만 현실적으로, 그렇게 활용할 수 있는 일이 많이 있을 리 없습니다.

결국 하지 않아도 될 일을 일부러 찾아내 '틈새 시간'을 확보하기 위해 쓸모없는 일을 만들어버립니다.

무조건 '틈새 시간을 낭비하면 안 돼'라는 압박이 강해지면 죄책감에서 벗어나기 위해 하지 않아도 되는 일까지 손을 대게 됩니다.

'틈새 시간의 활용' 그 자체가 목적이 되면 본말이 전도된 것과 같습니다.

오히려 그 시간에만 할 수 있는 일에 전력으로 집중하는 것이 중요합니다.

예를 들어, 대량의 자료를 정리하면서 기획서를 작성하는 일은 자기 자리가 아니고서는 하기 어렵습니다.

반면 약속을 잡기 위해 전화하는 것이라면 사무실이 아니어도 이동 중에도 휴대폰으로 할 수 있습니다.

'그 자리에서만 할 수 있는 일은 무엇인가?'
'다른 곳에서도 할 수 있는 일은 무엇인가?'

이런 시점을 가지면 결과적으로 틈새 시간을 자연스레 활용할 수 있게 됩니다.

저를 '시간 활용의 달인'이라 평하는 사람도 있습니다.

이 책을 집필하기 위해 다시 한번 저의 현재 시간 사용법을 검증해봤습니다.

그렇게 알게 된 것이 현재 제게는 '틈새 시간'이란 의식이 없다는 것 그리고 '그 자리에서만 할 수 있는 일'과 '그 자리가 아니어도 할 수 있는 일'을 재빨리 파악해 바로 행동으로 옮기고 있다는 것입니다.

40대 때는 틈새 시간을 의식하며 살았는데, 지금은 굳이 의식하지 않아도 낭비하는 시간이 없어졌습니다.

집필에 전념하는 날에는 1시간 썼다면 15분 휴식.

휴식을 취할 때는 스트레칭을 하거나 좋아하는 음악을 틀어놓고 커피 타임을 갖습니다.

그리고 다시 집필로 돌아가는 반복으로 리드미컬하게 일하고 있습니다.

틈새 시간에 매달리지 말고 '그 자리에서만 할 수 있는 일'은 빨리빨리 해버립시다. 그것이 결과적으로 '틈새 시간'을 살리는 지름길입니다.

그 자리에서만 할 수 있는 일에 전력으로 임한다.

한 개 샀다면
두 개 버린다

제 집을 방문하는 많은 사람이 "모델하우스 같네요"라고 이야기합니다.

25년 된 맨션, 빈말이라도 고급이라 말하기는 어렵지만 모두가 입을 모아 '모델하우스 같다'고 하는 이유는 가구나 가전제품, 소품을 여기저기 배치하지 않기 때문입니다.

꼭 필요한 것만 있습니다.

물건을 늘리면 정리하는 시간이 늘어나
자유로운 시간을 앗아가는 원흉이 된다.

물건의 수와 마음의 풍요로움은 비례하지 않는다.

30대에 저는 명품을 사지르고 고급 외제차를 바꿔가며 탔습니다. 구입했지만 한 번도 사용하지 않은 가방이나 옷. 인터넷 사이트에서 충동적으로 구매한 라이프스타일과 맞지 않는 소품, 고급이란 이유만으로 산 취향에 맞지 않은 가구…….

위화감 가득한 곳에서 살고 있었습니다. 필요해서 사는 게 아니라 '갖고 싶으니까' 샀습니다.

당시의 쇼핑 스타일은 지금 생각해보면 유치했습니다. 만약 그 상태가 계속됐다면 제 집은 필요없는 것으로 가득한 '쓰레기 집'이 되었을지도 모릅니다.

충동구매를 하면 돈을 잃게 되는 것은 물론이지만 유지하거나 수납할 장소 마련에도 돈이 듭니다.

물건이 적으면 청소도 유지도 간단해져 공간이 생기고 삶에 여유가 생겨납니다.

'필요한 것만 산다'라고 정하면 근검하게 됩니다.

밤낮 없이 충동구매에 빠져 있던 제가 '모델하우스 같은 집의 주인'으로 변신한 것은 이사가 계기였습니다.

100평 넘는 맨션을 팔고 50평 정도의 집을 고르려 하니, 그

때까지 쓰던 가구, 가전제품, 소품 모든 것을 가져가면 농담이 아니고 정말 잘 공간밖에 남지 않았습니다.

'나한테 정말 필요한 걸까?'

바로 대답이 나오지 않는 것은 팔거나 누군가에게 주거나 폐기해서 처분했고, 합한 금액을 모두 계산해봤습니다.

'헉? 이렇게나 거금이야!?'

저는 불필요한 것에 노력과 수고를 들여, 돈으로는 살 수 없는 시간이라는 재산을 잃고 있었던 것입니다. 같은 실수는 두 번 다시 하지 않겠다고 생각했습니다. 정말이지 넌더리가 났습니다.

그때 새로운 룰을 정했습니다.

한 개 샀다면 두 개 버린다.

고장 났거나 낡아서 새로운 것이 필요하게 돼도 바로 구입하지는 않습니다.

싼 가격에도 걸려들지 않습니다.

그 물건을 얼마만큼 활용할 수 있을까. 그것이 쇼핑의 포인트가 됩니다.

예를 들어, 냄비. '찌다, 짓다, 오븐 대용, 굽다' 등 여러 기능이 있으며 수리가 가능한지가 필수 조건이 됩니다.

그리고 필수 조건을 갖춘 냄비를 한 개 구입했다면, 지금 있는 냄비나 프라이팬 등을 두 개 버리는 것입니다.

만약 조금이라도 '버리다니 아깝잖아' '아직 쓸 수 있는데……' 같은 기분이 든다면 구입하지 않는 것이 룰입니다.

이런 룰을 지킨 덕에 이사하고 15년, 제 집은 '모델하우스' 상태를 계속 유지하고 있습니다.

물건이 늘어나면 자유로운 시간을 잃게 된다.

연간 300시간을
되찾는 방법

정리 정돈이라고 하면 수납하는 것이라 생각하는 사람이 많습니다. 그러나 그것은 정리 정돈이 아닙니다. 또한 반짝반짝 청소하는 것도 정리 정돈과는 다릅니다.

정리란, 불필요한 물건을 처분하는 것.

정돈이란, 사용하기 쉽게 자신이 정한 룰에 맞춰 놓아두는 것.

만일 여러분이 정리 정돈에 서툴다면, 우선 이 차이를 알기 바랍니다.

그럼 정리 정돈 룰에서 볼 때, 사무실이라면 시작은 자신의 데스크

입니다.

①잉크가 떨어진 볼펜 ②짧아진 연필 ③더러운 지우개 ④동료한테 받은 유통기간 지난 과자 ⑤쓸모없어진 계약서나 기획서 ⑥데스크를 장식하려 준비한 사진 프레임·포스트카드나 소품 ⑦무릎 담요나 건강 물품 ⑧건강식품이나 화장품 등. 현재 업무에 사용하지 않는 것은 즉각 처분합시다.

불필요한 물건을 처분하면 불필요한 움직임이 없어지므로 행동이 스피드해집니다.

가령, 100개의 서류 중 하나의 기획서를 찾는 것과 10개의 서류에서 하나를 찾는 것을 생각해본다면, 후자가 단연 빠릅니다.

자택이라면 부엌부터 손쓰도록 합니다. 정리 정돈을 못하는 사람의 경우 필요한 것과 그렇지 않은 것을 잘 판단하지 못하는 경향이 있는데, 부엌은 다른 장소에 비해 버려야 할 것을 더 쉽게 알 수 있는 장소이기 때문입니다. 찬장을 시작으로 냉장고, 싱크대 주변 순으로 불필요한 것을 찾습니다.

①유통기한 지난 식품, 조미료류 ②오래된 건강식품 ③사용법이 불명확한 물건 ④경품이나 덤 ⑤도시락 등에 붙어 있던 미니 사이즈 간장 등 ⑥거의 쓰지 않는 식기. 이런 기준으로

처분하면 시간도 공간도 유용하게 쓸 수 있습니다.

회사원이 물건 찾는 데 쓰는 시간은 연간 120시간이라고 합니다. 한 달에 20일 일한다고 하면 하루에 30분.

자택에서 지내는 시간까지 합치면 연 300시간이 됩니다.

정리 정돈이 서툰 사람, 물건이 많은 사람은 시간이라는 재산을 인생에서 빼앗기고 있는 것입니다.

그 300시간을 다음에 대입해보지 않겠습니까.

- 자격증 취득을 위한 공부에 쓴다 →
  연봉 인상이나 승진으로 이어질 가능성이 높아진다
- 1시간에 1권, 독서를 한다 →
  연간 300권의 책을 읽을 수 있고 지식과 지혜가 축적된다
- 부하나 동료, 거래처와의 커뮤니케이션에 쓴다 →
  더 원활한 인간관계가 되므로 일의 성과로 이어진다

정리 정돈으로 시간이라는 재산을 되찾자.

빈 공간을
채우려고 하는 심리

'쓰레기'는 더러운 것만 말하지 않습니다.

가지고 있을 뿐 사용하지 않는 것이나 1년에 몇 번 사용할 뿐 자리만 차지하는 것, 추억은 있지만 지금 자신에게 필요하지 않는 것은 모두 쓰레기입니다.

그렇게 생각하면 집도 사무실도 쓰레기투성이가 아닌가요? 쓰레기가 생겨나는 건 수납할 장소가 있기 때문입니다. 유행이 지난 명품, 거의 쓰지 않는 식기나 문구가 있는 것도 넣어둘 공간이 있기 때문입니다.

공간이 크면 사람은 그걸 채우려 합니다.

별로 필요하지 않은 것을 구해서 그곳에 두려 하는 것이 인간입니다.

그러므로 '애초부터 공간=수납 장소를 만들지 않는다'라는 것을 유념합시다.

쓰레기 자리를 만들지 않는 것은 물건을 찾는 수고를 줄여 줄 뿐 아니라, 공간과 시간에 여유가 생겨나게 합니다.

또한 집이나 사무실의 휴지통은 큰 사이즈를 고를 것을 권합니다.

'공간이 크면 클수록 사람은 그걸 채우려고 하는' 심리를 이용하는 것입니다.

저는 상품을 구매했을 때의 포장지와 종이봉투는 즉시 커다란 휴지통에 버립니다. 추억이 담긴 사진이나 선물은 솔직히 버리기 망설여지지만 커다란 휴지통을 보면 버릴 수 있는 마음이 듭니다.

추억은 기억 속에 있으면 됩니다. 기억은 장소가 필요없고, 떠올리고 싶을 때 꺼내볼 수 있기에, 저는 그 방법을 선택합니다.

커다란 휴지통이 있으면 물건을 버리고 싶어지는 심리를 이용.

필요한 정보만
재빨리 얻는 법

당신은 무엇을 위해 정보를 수집합니까? 모아야 할 정보란 무엇일까요?

이를 미리 정해두는 것이 정보 수집의 기본입니다.

저는 저술가이자 강연가, 경영 컨설턴트이기 때문에 관련된 정보를 수집하고 있는데 몇몇 카테고리로 나눠집니다.

- **부동산과 관련한 정보**
- **건강법**
- **최신 미용법**

- 매니지먼트
- 일의 기술
- 시간 관리
- 베스트셀러

  이렇게 카테고리로 나눠놓으면 그 외의 정보에는 눈이 가지 않습니다. 얻은 정보를 나름대로 정리할 수 있고 이해하기도 쉬워집니다.

  하지만 그렇다고는 해도 이만큼의 정보를 매일 아침, TV, 인터넷 뉴스, 업계지 등을 통해 얻는 건 막대한 시간이 필요합니다.

  '정보 수집이 즉시 돈으로 이어지는 일은 일단 없다.'

  '한정된 시간을 정보 수집에 할애해 돈을 벌 수 있는 건 언제일까?'

  어느 날, 이런 의문이 들었습니다.

  그래서 정보 수집에 걸리는 시간을 줄이기 위해 인터넷에서 카테고리별로 신뢰할 수 있는 전문가를 3명 찾았습니다. 스스로 정보를 찾아가는 것이 아니라, 전문가가 발신하는 정보를 비교하며 취할 수 있도록 방침을 바꾼 것입니다.

  그 방면의 전문가은 제게 각 분야의 정보를 정리해서 전달해줍니다. 구체적으로는 아래와 같습니다.

① SNS에서 전문가 블로그의 업데이트된 정보를 체크한다.
② 그들이 발신하는 유료 메일매거진을 구독한다.

전문가 블로그에서는 그 분야의 새로운 정보나 개선에 필요한 힌트를 얻습니다.

굳이 유료 메일매거진을 구독하는 것은, 진부하거나 일반론이 아닌 전문가의 깊은 시점과 유니크한 관점에 기반한 정보를 얻고 싶기 때문입니다.

물론 무료 매거진에도 양질의 정보가 있지만 필요한 정보를 확실하게 재빨리 얻기 위해서는 전문가의 유료 메일매거진을 빼놓을 수 없습니다.

가끔은 인터넷뉴스를 보지만, 아침 일찍 하는 것은 앞의 두 가지입니다. 둘을 모두 해도 30분도 걸리지 않습니다.

정보 수집에 시간을 소비하는 건 절대적인 낭비.

종이 신문과 광고지를
보는 이유

전에는 신문이라고 하면 '종이 매체'를 일컬었습니다. 하지만 지금은 '보존하거나 처분할 수고와 공간이 없다' '검색으로 읽고 싶은 기사를 찾을 수 있다' '신문 자체를 들고 나가지 않아도 되기 때문에 외출 시에 편리' '최신 뉴스를 손쉽게 읽을 수 있다'라는 이유로 디지털 신문을 선호하는 사람도 많습니다. 스마트폰이나 태블릿PC로 지면 그대로의 이미지로 읽거나, 컴퓨터로 수평적으로 배열된 기사를 읽는 등, 사람마다 읽는 형태도 각양각생입니다.

컴퓨터의 디지털판으로 정보를 좇는 것을 부정하는 것은 아니지만, 저는 신문 지면의 형태로 읽는 것, 즉 배달로 받는 종이신문으로 읽는 것을 권하며 실천하고 있습니다. 이유는 크게 두 가지입니다.

첫번째는 '광고지'의 존재입니다.
배달되는 신문에는 반드시라 해도 무방할 정도로 끼여 있는 광고지. 이것은 현지 경제의 움직임을 파악하는 데 확실한 교과서가 됩니다.
택지나 건물의 매매 정보를 보고나서 거주지를 중심으로 한 '부동산 관련 뉴스'에 해박해집니다.
슈퍼나 마트의 전단지를 보는 것으로 '물가 동향'에 민감해집니다.
새 가게나 리뉴얼 오픈 등 '현지의 경기'를 파악할 수 있습니다.
광고지는 그야말로 가장 가까운 경제 교과서.
주부층만 볼 거라고 생각하는 광고지야말로 회사원이 봐야 하는 정보의 원천입니다.

두번째 이유는 '기사의 중요도가 명확하다'는 것입니다.
컴퓨터로 기사를 읽는 것은 필요한 것만 골라 정보를 얻을 때 빼놓을 수 없는 방법입니다. 반면에, 정보(기사)가 수평적으로 배열돼 있어 중요도를 파악하기 어려운 경우도 있습니다.

종이신문은 정보가 지면 전체에서 차지하는 비율을 '면(面)'으로 파악할 수 있고, 사회에 끼치는 영향이나 회사원이 알아야 할 것인지 아닌지의 중요도를 바로 알 수 있습니다.

예를 들어보자면, 인터넷에 나열된 정보는 시간을 초단위로 표시하는 '디지털워치'. 종이신문은 문자판 자체로 표시하는 '아날로그워치'. 디지털워치가 편리하다 생각하기 쉽지만 문자판으로 파악하는 것이 머리에 금세 들어오고 이해하기 쉬운 지점이 많습니다.

그래서 저는 종이신문파지만 일상적으로 디지털판 신문을 읽는 사람에게는 스마트폰이나 태블릿PC를 이용해 지면의 이미지를 그대로 읽는 것을 권하고 있습니다.

그렇게 하면 관심 있는 뉴스나 좋아하는 것과 관계된 정보뿐 아니라, 사회 정세나 경제 관련 기사, 마을의 화제, 광고 등 다양한 정보가 좋든 싫든 쏟아지게 됩니다. 전체적인 제목을 훑은 다음, 관심 가는 기사를 곰곰이 읽어보면 좋습니다.

그리고 지방신문이나 경제지, 익숙해지면 업계 신문 등 여러 신문을 비교해서 읽어보는 것도 권합니다. 같은 뉴스라도 신문사에 따라 다루는 방식이나 전하는 방식이 다르다는 것을 알 수 있고 폭넓은 사고와 견해를 갖출 수 있기 때문입니다.

'광고지' '중요도가 명확'이란 점 외에도 종이신문은 인터넷이 되지 않는 환경에서도 언제든 읽을 수 있고 관심 가는 기사는 오려내 간직할 수 있다는 이유로, 저는 종이신문 읽기를 계속 실천해오고 있습니다.

광고지는 비즈니스 소재로 흘러넘치고 있다.

글쓰기가 편해지는
서류 작성법

글 쓰는 게 느리다는 점은 비즈니스 현장에서 큰 핸디캡이 됩니다.

"난 작가가 될 생각은 없어."

이렇게 말해봤자 서류가 필요하지 않는 일은 별로 없습니다. 언제까지나 작문이 서툴다는 말로 넘어갈 수 있는 문제가 아닙니다.

저 역시 업무상, 다양한 문장으로 서류를 써야 하는 상황에 처합니다. 하지만 잘되지 않을 때에는 정말로 손이 움직이지 않습니다. 그러면 생각을 바꿔 다른 일을 하면 되겠다 싶지만,

날짜가 임박하여 그렇게 할 수 없는 경우도 있습니다.

여기서 제가 실천하고 있는 '단시간 서류 작성법'을 소개하겠습니다.

포인트는 '형태부터 만든다'입니다.

서류는 내용을 먼저 확실히 정리한 다음 쓰려고 하지만, 되는 사람은 돼도 안 되는 사람에게는 무리입니다. 그러므로 먼저 대략의 틀을 정해놓고, 나중에 내용을 채워갑니다.

'달리면서 무기를 주워라'입니다.

먼저 타이틀만 써봅니다. 그리고 차례 정도여도 좋으니 머리에 떠오른 키워드를 나열합니다. 자신이 관심을 갖고 있던 단어들이므로, 그에 대해 자신이 생각하고 있는 것을 휘갈기듯 써내려 갑니다. 그렇게 하면 자신의 생각이 정리됩니다. 다음은 세세하게 조절하는 것뿐.

문장에 서툰 사람이 생각을 정리한 다음 쓰기 시작하는 것은 막대한 시간 손실입니다. 하지만 위와 같은 방식으로 써나가며 생각을 정리하면, 시간 손실을 최소화할 수 있습니다.

그리고 최근에는 컴퓨터로 서류를 작성하는 일이 거의 대부분이지만, 자필로 작성하는 서류나 편지를 쓰는 일도 더러 있습니다. 이 역시 문장이 서툰 사람에게는 괴로운 작업입니다. 글씨가 예쁘지 못하다면 더욱더 그렇겠지요.

유감스럽게도 글씨가 단시간에 예뻐지는 방법은 모르지만, 조금이라도 쓰기가 고통스럽지 않고 보기 좋은 글씨를 쓰기 위한 방법이라면 몇 가지 소개할 수 있습니다.

예를 들면 필기구를 고르는 안목입니다.

제가 손글씨를 쓸 때 사용하는 펜은 브랜드도 굵기도 정해져 있습니다. '제브라'의 '사라사0.5'입니다. 0.4mm도 0.7mm도 아닌 0.5mm입니다.

왜 이 펜을 쓰는 걸까요. 자격증 시험을 준비하며 종종 논문을 썼는데 당시 오랜 시간 지치지 않고 글을 쓸 수 있는 필기구를 찾았습니다. 몽블랑 같은 고급 필기구를 비롯해 그 밖의 여러 가지도 시험해봤지만 무겁거나 쓰기 힘들거나 그 어떤 것도 딱 들어맞지 않았습니다.

그렇게 시행착오 끝에 도달한 것이 '사라사0.5'입니다. 이 펜은 힘을 주지 않고 쓸 수 있을 정도로 세기가 적당하고 번지거나 하지 않습니다. 잉크가 손에 묻는 경우도 없어 종이가 더러워지지 않습니다.

기획서 같은 문서를 작성할 때 무엇부터 써야 할지 모르겠다면 자신의 생각과 의견을 스마트폰 녹음기나 IC레코더에 녹음해서 나중에 들어보고 정리하는 방법도 있습니다.

**자신의 생각을 문장으로 옮기는 게 서툰 사람이어도
머릿속에 떠오른 것을 말하는 것이라면 쉽게 할 수 있습니다.**

누군가를 대상으로 하는 이야기가 아니므로 정리되지 않아도 상관없습니다. 이야기하기 쉬운 부분부터 시작해 나중에 꼼꼼히 듣습니다. 그리고 녹음된 단어를 문자로 옮겨가며 흐름에 맞춰 만들어가면 됩니다.

이 방법은 서류 작성 속도를 빠르게 할 뿐 아니라, 듣고 정리하는 능력을 단련시켜 사고력을 향상시키고 이해력도 빨라지게 도와줍니다.

잘 못하는 일은 형태부터 만든다.

아침을 잘 보내면
하루가 편하다

제 주변의 성공한 사람을 둘러보면 압도적으로 '아침형 인간'이 많습니다.

- 늦게까지 일했어도 아침 6시에 일어나 영어 회화 공부를 한 뒤 출근하는 사람
- 러시아워를 피해 일찍 출근해 모두 출근할 무렵에는 업무 준비가 돼 있는 사람
- 몸을 단련하기 위해 매일 이른 아침 하루도 거르지 않고 달리기하는 사람

성공하는 사람은 이른 아침 시간을 유용하게 써서 나름의 성과를 올립니다.

밤은 야근이나 모임이 있기 때문에 계획을 세우기 어렵습니다. 그뿐 아니라, 무엇보다도 일로 인한 피로가 쌓이는 시간대입니다. 졸린 눈을 비벼가며 공부하거나 무리해서 몸을 움직여도 그리 좋은 성과를 기대할 수 없습니다.

그렇다면 차라리 샤워하고 잠자리에 든 뒤, 다음 아침 일찍 일어나 그만큼의 자유 시간을 확보하는 편이 좋습니다.

'아침의 1시간은 밤의 3시간에 필적한다'는 말이 있는데 실제로 실천해보면 이만큼 집중력을 발휘할 수 있는 시간은 없다는 걸 절감하게 됩니다.

아침을 어떻게 활용할 것인지 살펴봅시다.

① 비즈니스 상담과 같은 중요한 일은 아침 일찍 한다

머리 회전이 가장 좋을 때에 중요한 일을 한다는 의미입니다. 사람은 아침에 일어나서 3시간에서 5시간까지가 머리 회전이 가장 활발합니다.

예를 들어 아침 6시에 일어나는 사람이라면 오전 9시부터 11시 사이가 두뇌 움직임이 가장 좋은 시간입니다. 그렇기 때문에 이때 어려운 업무나 꼭 성과를 내야 하는 일을 하도록 스케줄을 짧니다.

그중에서도 신제품 판촉이나 거래처와의 가격 협상처럼 숫자가 중요한 일을 아침에 가장 먼저 하면 좋습니다.

사람과 만나는 일은 뇌의 교감신경이 활발해지는 오후에 잡는 것이 좋습니다.

그래도 때로는 일부러 **"아침 9시에 출근하시죠? 그 시간에 찾아뵙겠습니다"** 하고 먼저 아침 이른 시간에 비즈니스 상담을 제안해봅시다.

여기에는 몇 가지 이유가 있습니다. 먼저 일반적으로, 아침 일찍부터 미팅 일정을 잡는 사람은 적기 때문에 약속을 잡기가 수월합니다. 게다가 아침 첫 미팅이라면, 그 전에 방문한 사람도 없습니다. "먼저 오신 손님과의 미팅이 길어져서"라는 이유로 기다리게 되는 일도 없으므로 시간을 낭비하지 않게 됩니다.

또한 오전 9시에 업무를 시작하는 회사여도 그 시간에 업무 준비가 모두 완료되어 엔진이 모두 가동된 상태로 일할 수 있는 사람은 없습니다. 출근해서 '우선 차라도 마시면서' 정도의 사람이 많습니다.

그렇게 상대가 아직 업무 모드가 돼 있지 않은 사무실을 방문하면, 자신이 우위인 입장에서 이야기를 진행할 수 있습니다.

기다리며 조급해할 일도 없고 비즈니스 상담의 주도권을 잡을 수 있는 '미팅은 아침 일찍 룰'은 효과가 절대적입니다.

이것은 제가 경영자 시절에 실천해 효과가 매우 좋았던 것들입니다.

② 하기 싫은 일은 아침 일찍 한다

하고 싶지 않다, 즐겁지 않다, 할 기분이 아니다. 하지만 하지 않으면 안 되는 중요한 일은 꼭 있습니다.

회사를 경영하던 시절, 저는 인사 관련 일이 그러했습니다. 사원을 육성하기 위해서는 엄하게 말해야 할 때가 있습니다. 하지만 사람을 평가하거나 충고하는 걸 잘 못해서, 애정을 갖고 말을 골라 이야기를 해도 상처 주는 건 아닐까 싶어 항상 불안했습니다.

그렇다고 아무 말도 하지 않고 참고 있으면 다른 사원들의 사기가 떨어집니다. 그리고 할 말을 자꾸 미루면 머릿속이 그 생각으로 꽉 차서 '빨리 말해야 해. 말하지 않으면 상황은 점점 나빠질 거야'라는 조급함이 발상력과 행동력까지 방해합니다.

해야 할 말을 나중으로 미룬다고 편해지는 것은 아닙니다. 좋은 건 하나도 없습니다.

'싫은 것은 먼저 한다. 아침 일찍 하기 싫은 일을 먼저 하고, 이후에는 느긋하게 편한 일을 한다.'

이것이 철칙입니다.

아침부터 하기 싫은 일을 완수하면, 그 성취감은 이후의 일을 순조롭게 해줍니다. 또한 업무 스트레스나 피로도 그날은 느끼지 않게 됩니다.

이 '일찍 일찍' 룰을 정함으로, 시간의 낭비를 줄이고 항상 기분 좋은 상태로 일할 수 있게 됩니다.

**이른 아침을 제압하는 사람은
시간의 주도권을 잡고 일을 잘하는 사람이다.**

끝마치며

시간 마법의 주문
'카키쿠케코'

마지막까지 읽어주셔서 고맙습니다.

  이 책은 제 경험을 돌아보며 작성한 것이라 제대로 체계가 갖춰졌는지 자신은 없지만, 적어도 다음과 같은 것은 자신 있습니다.

허울 좋은 이야기가 아니라
실제 해보고 도움이 된 것만 썼습니다.

  많이 소개해드린 시간 활용법 가운데 어느 하나라도 내일부터(가능하면 오늘부터!) 실천해보면, 여러분이 자유롭게 쓸 수 있는 시간이 분명 조금이라도 늘어날 것입니다.

그 시간을 바탕으로 좋아하는 것에 도전하거나 좀 더 충실한 인생을 보내게 된다면, 저자로서 그보다 더한 행복은 없겠습니다.

기억을 더듬어보면, 제가 처음으로 시간을 의식하게 된 건 결혼해서 3개월 후에 남편이 말기암을 선고받았을 때입니다.
"당신을 사장으로 지명한 게 틀리지 않았다는 확신을 갖고 싶어."
남겨진 시간은 아주 조금. 심지어 반년인지 3년인지도 알 수 없고, 말 그대로 보이지 않는 시간과의 싸움이 시작되었습니다.
남편이 기뻐하면 좋겠다, 남편의 기대에 부응하고 싶다. 그 마음으로 제가 가진 노하우, 지혜 그리고 시간을 어떻게 하면 최대한 유용하게 활용할 수 있을지 필사적으로 생각했습니다. 그것이 타임 매니지먼트의 출발점입니다.
남편은 이미 세상을 떠났지만 덕분에 저는 지금도 '어떻게 하면 좀 더 효율적일 수 있을까' '어떻게 하면 좀 더 시간 낭비를 줄일 수 있을까?'를 생각하는 것이 습관이 돼버렸습니다. 하고 싶은 것을 하고 만나고 싶은 사람을 만나며, 충실한 인생을 보내고 있습니다.
33세가 되기까지 '우선순위'라는 말도 잘 이해하지 못했던 제가 이렇게 바뀐 것입니다. 지금까지 시간 빈곤자였던 분도 아주 작은 노력에 따라 시간 부자가 될 수 있습니다.

제게 타임 매니지먼트란, 밝고 즐겁게 살아감에 있어 결코 빠뜨릴 수 없는 소중한 노하우입니다. 이는 남편이 제게 주고 간 선물이었는지도 모릅니다.

독자 여러분에게 드릴 선물이 있습니다.

그것은 떠올리는 것만으로 시간 달인에 다가갈 수 있는 마법의 말입니다.

'카키쿠케코(かきくけこ)'입니다.

사람은 어렵거나 힘든 일은 오래하지 못하지만 이 '카키쿠케코'는 소리 내 말해보는 것만으로 누구나 시간 달인이 될 수 있는 주문입니다.

책을 다시 읽어볼 여유가 없는 분이어도 최소한 이 단어만을 기억해놓으면 시간 밀도를 반드시 높일 수 있을 것입니다.

① '간단'의 첫 글자 : 카

사람은 복잡하고 어려운 것을 뛰어나고 질이 높다고 생각하기 마련입니다. 하지만 어렵다는 생각에 수고를 들이거나 한 발짝 남은 지점에서 포기했던 일은 없는지요.

들인 시간만큼 성과가 나온다고 단정할 수는 없습니다. 그보다 무엇이든 '간단하게'를 의식하는 것으로, 생각이 정리되고 행동에도 쓸모없는 움직임이 없어집니다.

② '흥미'의 첫 글자 : 키
지금 해야 할 일이 두 가지 있고 중요도가 비슷하다면, 흥미가 가는 쪽을 먼저 합니다. 그렇게 하는 것이 시간을 절약할 뿐 아니라 동기가 지속되고 성과로도 이어지기 쉽습니다. 또한 행동에 탄력이 붙어 이후 행동도 순조로워지는 효과도 있습니다.

③ '그레이'의 첫 글자 : 쿠
'그레이 시간'이란, 일을 하는 것도 아니고 놀고 있는 것도 아니고 그렇다고 쉬고 있는 것도 아닌, 아무것도 하고 있지 않는 시간입니다.
　'어차피 실패할 게 뻔해.'
　'그 사람한테 전화하는 건 싫어.'
　이렇게 생각해버리고, 해야 할 일을 뒤로 미루거나 어영부영 주저하고 있는 시간은, 그야말로 그레이 시간입니다. '시간이 없어'라고 얼버무리는 사람일수록 그레이 시간이 많은 사람입니다. 시간을 살리기 위해서는 우선 그레이 시간을 줄이는 것이 필요합니다.

④ '결단'의 첫 글자 : 케

저는 결정은 15분 안에 하려고 합니다. 15분 이상 걸려도 결정할 수 없는 것은 제게 필요없는 것으로 생각합니다.

  기획이나 일을 곰곰이 생각해서 선택하는 사람이 있습니다. 어느 쪽이 좋은지는 사람에 따라 다릅니다. 하지만 저는 결단을 나중으로 미루고 좋은 결과가 나온 적이 없습니다.

⑤ '행동'의 첫 글자 : 코

기한 안에 목표를 달성하기 위해서는 '뱉은 말은 행동한다'뿐입니다. 뒤로 미루면 미룰수록 소비되는 시간은 방대해지는 것을 기억해둡시다.

옮긴이 정재혁

성균관대학교 영어영문학과를 졸업하고, 일본으로 건너가 《씨네21》《아이즈》 도쿄 통신원으로 활동했으며, 일본문화원 리포터·2017년 부산국제영화제 통역을 맡기도 했다. 《씨네21》《AB-ROAD》《GEEK》《VOGUE》의 잡지 에디터로 10여 년간 일했으며, 콘텐츠 플랫폼 '퍼블리'에 '팔리는 기획을 배우다' '쓰는 시대의 도래' 등 리포트를 발행한 바 있다. 현재 《바자》《싱글즈》《한겨레21》 등에 비정기적인 기고를 하며, 도쿄의 문화와 사회 전반에 관한 사사로운 글을 쓰고 있다.

일주일은 금요일부터 시작하라

ⓒ 우스이 유키, 2020

초판 1쇄 발행일 2020년 3월 16일
초판 4쇄 발행일 2021년 7월 23일

지은이   우스이 유키
옮긴이   정재혁
펴낸이   정은영
기획편집   고은주 정사라 문진아
마케팅   최금순 오세미 박지혜 김하은
제작   홍동근

펴낸곳   꼼지락
출판등록   2001년 11월 28일 제2001-000259호
주소   04047 서울시 마포구 양화로6길 49
전화   편집부 (02)324-2347, 경영지원부 (02)325-6047
팩스   편집부 (02)324-2348, 경영지원부 (02)2648-1311
이메일   munhak@jamobook.com

ISBN 978-89-544-4234-3 (03320)

- 이 책의 판권은 지은이와 자음과모음에 있습니다.
- 이 책 내용의 전부 또는 일부를 사용하려면 반드시 양측의 서면 동의를 받아야 합니다.
- 꼼지락은 "마음을 움직이는(感) 즐거운(樂) 지식을 담는(知)"
  ㈜자음과모음의 브랜드입니다.

이 도서의 국립중앙도서관 출판시도서목록(CIP)은 서지정보유통지원시스템 홈페이지(http://seoji.nl.go.kr)와 국가자료공동목록시스템(http://www.nl.go.kr/kolisnet)에서 이용하실 수 있습니다.(CIP제어번호: CIP2020008292)